Dominique de Villepin au Quai d'Orsay (2002-2004)

Pour Comprendre

L'objectif de cette collection *Pour Comprendre* est de présenter en un nombre restreint de pages une question contemporaine qui relève des différents domaines de la vie sociale.

L'idée étant de donner une synthèse du sujet tout en offrant au lecteur les moyens d'aller plus loin, notamment par une bibliographie sélectionnée.

Cette collection est dirigée par un comité éditorial composé de professeurs d'université de différentes disciplines. Ils ont pour tâche de choisir les thèmes qui feront l'objet de ces publications et de solliciter les spécialistes susceptibles, dans un langage simple et clair, de faire des synthèses.

Dernières parutions

Françoise DUPERRAY, *Au fil du texte de* La République *de Platon,* 2026.

Ivan SAMSON, Myriam DONSIMONI, Collectif Sociabilis, *La modernité, un bilan. Pour une géopolitique des valeurs*, deuxième édition revue et augmentée, 2025.

Xavier BOLOT, *L'influence de l'environnement sur nos gènes, Emotions et sociétés nouvelles*, 2024.

Florian ANTOINE, *Inventeur, mode d'emploi. De l'idée à la collaboration industrielle*, 2024.

Ichiro SATO, *L'individu et l'infini, Remarques sur l'Éthique de Spinoza*, 2024.

Ivan SAMSON, Myriam DONSIMONI, *La modernité, un bilan. Pour une géopolitique des valeurs*, 2024.

Olivier PIOT, *L'Afrique noire en France. Silence et dénis de la mémoire blanche*, 2024.

Guy MICHEL, *Partir à l'aventure de la complexité. Ultra-complexité ou complexité ultime*, 2024.

Myriam JACQUEMIER, *La laïcisation du Mythe de Babel à la Renaissance. Du verbe à la parole*, 2023.

Myriam JACQUEMIER, *Les fonctions politiques du Mythe de Babel à la Renaissance. Creuset de la modernité*, 2023.

Myriam JACQUEMIER, *Le Mythe de Babel à la Renaissance. Richesses et structures du mythe*, 2023.

Zachary de Saint-Mède

Dominique de Villepin au Quai d'Orsay (2002-2004)

Deuxième édition revue et augmentée

L'Harmattan

Du même auteur

Comprendre le caractère national des États du monde, L'Harmattan, 2022.

L'Inde sur la scène internationale, Les impliqués, 2022.

Les visites officielles de la reine Elizabeth II en pays étrangers (1952-2022), L'Harmattan, 2023.

5-7, rue de l'École-Polytechnique - 75005 Paris

www.editions-harmattan.fr

ISBN : 978-2-336-59529-0
EAN : 9782336595290

Dépôt légal : mars 2026

Introduction

Travail de recherche sur le passage de Dominique de Villepin au Quai d'Orsay en qualité de ministre des Affaires étrangères entre 2002 et 2004, ce livre se veut une contribution à l'étude de la politique étrangère de la France dans une période historique particulière marquée par les retombées géopolitiques des attentats islamistes du 11 septembre 2001 à New York et Washington.

C'était il y a deux décennies. À l'époque, Dominique de Villepin renvoyait l'image d'un homme d'État flamboyant, porte-voix de la France dans le monde, héraut romantique et révolutionnaire, et cette image repose principalement sur ses prises de position contre la guerre en Irak en 2003 et son volontarisme dans la gestion des crises régionales et internationales.

La guerre américaine contre l'Irak en mars 2003 marque l'apogée de l'unilatéralisme de « l'hyperpuissance » américaine et un tournant dans les relations internationales, ouvrant une ère de désordres majeurs au Moyen-Orient et au-delà. La vision prophétique de Jacques Chirac, le président français d'alors, et de Dominique de Villepin, aura contribué à atténuer un tant soit peu le divorce majeur entre l'Occident et le monde musulman.

Pourquoi revenir sur le passage de Dominique de Villepin au Quai d'Orsay entre 2002 et 2004 ? D'abord pour analyser ce qui ressemble aux derniers feux du gaullisme diplomatique : en effet, depuis la fin de la présidence Chirac en mai 2007, la politique étrangère française semble s'orienter vers l'occidentalisme, c'est-à-dire un rapprochement de plus en plus manifeste avec les États-Unis d'Amérique, ce qui est une rupture avec la ligne gaulliste de la France fondée sur l'indépendance nationale, les « mains libres » et des positions originales permettant à ce pays d'apparaitre comme une passerelle entre les mondes.

La lecture attentive des discours et interventions de Dominique de Villepin et de son action au Quai d'Orsay, de mai 2002 à avril 2004, permet de revenir sur l'action de la France qui jouait encore en ces années un rôle international de premier plan dans une ère d'hégémonie de l'Occident.

Après son départ du Quai d'Orsay, Dominique de Villepin est devenu ministre de l'Intérieur puis Premier ministre de la France (2005-2007). En 2004, Jean-Michel Dumay (Le Monde), le décrit comme : *« Énarque, passionné d'Empire, historien des Cent-Jours, diplomate, ministre, poète, essayiste, aquarelliste, marathonien, excellent au tennis, amateur de bon vin, dormant peu, sachant parler l'espagnol et l'anglais avec fluidité »*[1]. Après son retrait de la vie politique, il est devenu un héros de bande dessinée[2] (histoire d'Arthur Vlaminck, en charge du langage au Cabinet du ministre Alexandre Taillard de Vorms en pleine crise du Lousdem et de l'Oubanga ; la bande dessinée est réalisée par le dessinateur Christophe BLAIN et le scénariste Abel Lanzac, pseudonyme d'un ancien membre du Cabinet Villepin au Quai d'Orsay) puis un personnage de cinéma (porté à l'écran par le réalisateur Bertrand Tavernier en novembre 2013). Dominique de Villepin ne laisse pas indifférent et son passage au Quai d'Orsay avait donné lieu à la publication d'un livre à charge en 2005, sous le titre *Les Cent Semaines,* écrit sous pseudonyme (Jean Saint-Iran). Mais une partie de la presse ne tarit pas d'éloges sur le ministre, sa passion de l'action, le lyrisme de sa langue et son goût pour la poésie.[3]

Dominique de Villepin est une personnalité atypique et originale, il ne fait pas l'unanimité au sein de la classe politique française à cause de son style grandiloquent et de ses discours enflammés aux envolées lyriques. De nos jours, Dominique de

[1] Jean-Michel Dumay, *« Dominique de Villepin, le serviteur de feu »*, Le Monde, 9 juin 2004.
[2] Christophe Blain, Abel Lanzac, *Quai d'Orsay chroniques diplomatiques Tome 1*, Dargaud, 2010.
[3] *« Dominique de Villepin ou le gaullisme ressuscité »*, Le Monde, 10 décembre 2003.

Villepin reste une personnalité écoutée, avocat d'affaires et lobbyiste international. En 2012, il se porta candidat à l'élection présidentielle de 2012 en France mais il ne parvient ni à mobiliser un électorat (il est crédité de 2 % des intentions de vote) ni à rassembler les cinq cents parrainages d'élus requis.

L'étude des vingt-deux mois passés par Dominique de Villepin comme ministre français des Affaires étrangères, de la Coopération et de la Francophonie permet de connaître le bilan exhaustif de l'action de ce ministre. Le présent livre n'est ni hagiographique, ni critique, mais un essai de lecture neutre et dépassionnée, favorisée par le recul historique.

Première partie
Le parcours de Dominique de Villepin avant 2002

L'Exilé, la nostalgie de la France

Né le 14 novembre 1953 à Rabat, alors sous protectorat français, Dominique François Marie Galouzeau de Villepin est l'aîné de Xavier de Villepin, industriel expatrié et chef de service à la Société commerciale de manutention, et d'Yvonne Hétier, issue d'une famille d'industriels de Limoges, en Limousin.

La famille Galouzeau de Villepin appartient à l'ancienne haute bourgeoisie française. Apparue en Bourgogne au XIVe siècle, elle s'est anoblie elle-même sans jamais avoir été officiellement reconnue comme noble. Le patronyme « de Villepin » n'est accolé aux Galouzeau que depuis le milieu du XIXe siècle, lorsque François-Xavier Galouzeau (1814-1885), avocat et arrière-arrière-grand-père de l'homme d'État, ajouta cette particule en référence à son arrière-grand-mère, fille du comte Louis de Tourmont de Villepin.

Cette lignée fait partie de ces familles de notables provinciaux qui ont progressivement accédé aux plus hauts rangs de la société française tout en conservant un fort sens du service de l'État. L'arrière-grand-père, Robert, acheva sa carrière comme colonel d'état-major. Le grand-père, François, formé à Saint-Cyr, participa à la Grande Guerre — notamment à Verdun — avant d'entrer en 1924 à la compagnie Pont-à-Mousson, où il gravit l'ensemble des échelons. Le père, Xavier, s'engagea dès l'âge de 17 ans dans le maquis du Limousin au sein de la Résistance, avant d'intégrer HEC, de faire carrière aux fonderies Pont-à-Mousson et d'être élu sénateur des Français de l'étranger.

Depuis le XIXe siècle, la famille compte dix-huit décorés de la Légion d'honneur, dont seize à titre militaire. Les ancêtres paternels furent tour à tour officiers, diplomates, sénateurs, chefs d'entreprise, tous formés dans les grandes écoles françaises — Saint-Cyr, Polytechnique, HEC ou encore l'ENA. Plusieurs d'entre eux combattirent durant les guerres napoléoniennes, héritage qui éclaire la fascination ultérieure pour l'Empire et pour la figure de Napoléon Bonaparte.

Du côté maternel, la filiation remonte à Yvonne Hétier, sa mère, à Germaine Maurat-Ballance, sa grand-mère, et à Thérèse Delor, son arrière-grand-mère. Interrogé en avril 2005 sur la signification de son nom, il explique : « En ancien français, *Gal* signifie coq et *ouzeau*, oiseau. Je suis un coq-oiseau. J'ai un nom bien français. »

De cet héritage familial, il retient l'exigence de l'effort, le goût du dépassement de soi, un attachement profond aux valeurs familiales, un catholicisme pratiquant, l'amour de l'armée et un patriotisme intransigeant. En 2012, il écrit : *« Tout en étant issu d'un milieu favorisé, je déteste l'esprit des héritiers, la bêtise des rentiers. L'éducation que j'ai reçue m'a protégé des préjugés de mon milieu. Elle fut profondément française et républicaine. »*

Ses sept premières années se déroulent au Maroc, de 1953 à 1960. Entouré des siens, il grandit au cœur d'une civilisation arabo-musulmane ouverte sur le monde et nourrie par la diversité, développant un attachement durable et presque filial à ce pays. En 1957, la famille revient brièvement en France, avant que le père ne soit nommé, en 1960, délégué général de la compagnie Pont-à-Mousson au Venezuela, pays alors en pleine mutation économique et politique, porté par le pétrole et la démocratisation.

Élevé loin de la métropole, l'enfant de l'exil voit son amour de la France renforcé par l'éloignement et le déracinement. Nourri d'une France idéalisée, il porte très tôt en lui une certaine idée de sa grandeur, forgée par la littérature, la passion pour l'épopée napoléonienne et le gaullisme ardent de son père.

Le Venezuela marque durablement son caractère : pays caribéen et sud-américain, ouvert sur l'Atlantique, peuplé d'une société métissée, hispanophone, riche en ressources naturelles et en biodiversité, frontalier du Brésil, de la Colombie et du Guyana. Il y acquiert la maîtrise de l'espagnol et une culture latino-américaine profondément ancrée, nourrie des héritages précolombiens, espagnols et des *Libertadores*.

C'est également dans ce contexte qu'il grandit dans le culte du général de Gaulle. En témoignage de ce gaullisme familial, son père eut l'honneur d'accueillir le chef de l'État français lors de sa visite officielle au Venezuela, le 21 septembre 1964. Dans une interview accordée à France Info le 2 septembre 2002, il confie : *« J'ai connu le parcours du jeune Français de l'étranger, bénéficiant d'ouvertures culturelles et linguistiques, mais aussi soumis à l'éloignement et au manque de France. Il fallait compenser par la lecture, par les rencontres, par les retours en France pendant les vacances. Cela crée un affectif particulier, une relation un peu spéciale avec une France souvent rêvée, imaginée. »*

À partir de 1962, Xavier de Villepin préside la colonie française du Venezuela et devient, en 1967, membre du Conseil supérieur des Français de l'étranger. Yvonne Hétier, quant à elle, se distingue par sa passion pour la poésie et son engagement actif dans une association caritative venant en aide aux anciens bagnards. L'enfant est profondément marqué par l'émotion de son père, vibrant au son des nouvelles de la France captées sur une radio à ondes courtes.

Scolarisé avec ses frères et sa sœur, Éric et Véronique, au Colegio Francia de Caracas — établissement religieux dirigé par des Pères blancs bretons —, il reçoit une éducation mêlant influences françaises et latino-américaines. Très attentif à l'actualité nationale, il sera, lors des événements de mai 1968, l'unique gréviste de son école.

En 1969, son père est nommé délégué général de Pont-à-Mousson pour l'Amérique du Nord, à New York. Ses parents décident alors de l'envoyer en France comme interne au collège jésuite du Caousou, à Toulouse. Ce retour constitue une rupture brutale : changement de climat, de rythme de vie et immersion concrète dans une France jusque-là idéalisée. Il évoquera cette période en 2012 : « *Je rêvais la France, comme tous les exilés. On espère plus de la France quand on est loin d'elle. J'ai perçu, dans le regard de mes amis sud-américains, le prestige de mon pays. La réalité découverte en France ne ressemblait pas à mes rêves. J'ai été déçu par le conformisme, par la détestation de ce qui réussit, par une forme de jalousie et de haine de l'enthousiasme chez les élites.* »

À Toulouse, il se révèle un excellent élève. Apprécié de ses professeurs — Robert Vie en français, Auguste Pince en philosophie, l'abbé Hermet, spécialiste de l'ère napoléonienne —, il remporte l'ensemble des prix, y compris celui de la camaraderie. Capitaine de l'équipe de football du collège et performant en course à pied, il obtient le baccalauréat littéraire avec un an d'avance, sanctionné par une mention « assez bien ».

Après deux années passées en France, il rejoint sa famille à New York. Tout en s'inscrivant aux cours par correspondance de la faculté des lettres de Nanterre, il intègre le lycée français et soutient son frère aîné, Éric, alors malade, afin de l'aider à préparer et réussir son baccalauréat.

Études supérieures

Alors que sa famille s'installe à Milan, à la suite d'une nouvelle affectation, et après la disparition de son frère aîné, il choisit de s'établir à Paris. Il s'inscrit simultanément à l'université Paris X-Nanterre, en lettres, et à l'université Paris II Panthéon-Assas, en droit. À l'issue de ces études universitaires classiques, il intègre une classe préparatoire à HEC, qu'il abandonne rapidement pour poursuivre son parcours au sein d'autres grandes écoles de la République. Il entre d'abord à l'Institut d'études politiques de Paris, puis à l'École nationale d'administration.

En 1977, il se présente au concours de l'ÉNA. Conformément au règlement, il effectue son service militaire comme aspirant à bord du porte-avions *Le Clemenceau*, à Djibouti, et réalise plusieurs stages, en préfecture à Perpignan puis en entreprise, à la SAVIEM de Limoges.

Admis à l'ÉNA en 1978, il appartient à la célèbre promotion « Voltaire », au sein de laquelle figurent de nombreuses personnalités appelées à jouer un rôle majeur dans la vie publique française, parmi lesquelles Henri de Castries, Renaud Donnedieu de Vabres, Jean-Pierre Jouyet, Ségolène Royal, François Hollande, Michel Sapin, Pierre Mongin, Jean-Maurice Ripert, Véronique de Villepin, Frédérique Bredin ou encore Raymond-Max Aubert. Il achève sa scolarité en juin 1980, classé vingt-cinquième de sa promotion, et est alors affecté au ministère des Affaires étrangères, au Quai d'Orsay.

Très tôt, il manifeste un vif intérêt pour le vaste monde. Né au Maroc, ayant grandi dans des territoires marqués par l'histoire coloniale française, il a également été témoin des bouleversements de l'Amérique latine, traversée par les révoltes de la pauvreté et de l'injustice. Aux États-Unis, il perçoit les tourments liés à la guerre du Vietnam. Cette curiosité pour les affaires internationales lui a été transmise par son père, engagé dès sa jeunesse dans la Résistance, avant de conjuguer une carrière industrielle à l'étranger avec un engagement politique au Sénat comme représentant des Français de l'étranger, puis comme président de la Commission des affaires étrangères, de la Défense et des forces armées.

Au moment décisif de l'orientation professionnelle, la carrière diplomatique s'impose ainsi naturellement. Le Quai d'Orsay représente à ses yeux l'accomplissement d'une promesse d'enfance et le moyen de renouer avec ce Sud où il a grandi, afin de se consacrer pleinement au règlement des crises internationales[1].

---

[1] Dominique de Villepin, *Mémoire de paix pour temps de guerre*, Grasset, 2016, pp. 11, 13.

La carrière diplomatique

Lorsqu'il entre au ministère des Affaires étrangères en juin 1980 comme secrétaire des Affaires étrangères, Dominique de Villepin s'inscrit dans la continuité d'une longue tradition de diplomates ayant servi au « Quai », métonymie du Quai d'Orsay, siège historique du ministère.

À l'issue de son service militaire accompli en Afrique orientale, à Djibouti, il est affecté la même année au bureau de la Corne de l'Afrique, au sein de la direction des Affaires africaines et malgaches. Il y travaille sous l'autorité de la sous-directrice Marie-Claude de Guilhaudis, future Mme Cabana — et du directeur Guy Georgy. Il y exerce les fonctions de rédacteur, chargé du suivi des relations de la France avec les pays de la région : l'Éthiopie, Djibouti et la Somalie.

Chaque rédacteur responsable d'une zone géographique ou d'un dossier spécialisé dispose d'un socle commun de sources d'information : dépêches d'agences, presse écrite et audiovisuelle, publications spécialisées. À ces ressources s'ajoute un réseau de correspondants mobilisables rapidement, en France comme à l'étranger — collègues, experts, universitaires, milieux économiques, cercles de réflexion ou groupes d'influence. Il bénéficie également des outils propres au département : archives, intranet, réseau d'information interne, messagerie électronique et, surtout, le flux continu de télégrammes transmis par les postes diplomatiques à l'étranger.

Sur cette base, le rédacteur élabore, à la demande de sa hiérarchie ou de sa propre initiative, des analyses et des notes de synthèse portant aussi bien sur l'actualité immédiate que sur des questions de fond. L'information transmise aux décideurs constitue le socle même de l'action diplomatique.

Par l'intermédiaire de son époux, Camille Cabana, alors secrétaire général de l'Hôtel de Ville de Paris, Marie-Claude Cabana présente Dominique de Villepin à Alain Juppé ainsi qu'au maire de Paris, Jacques Chirac. Membre du RPR

(Rassemblement pour la République) depuis 1977, il nourrit également des affinités politiques avec Jacques Chaban-Delmas, dont l'épouse Micheline est la cousine de sa mère.

Il quitte rapidement la direction des Affaires africaines pour rejoindre le Centre d'analyse et de prévision (CAP), véritable laboratoire d'idées et *think tank* de la diplomatie française, placé sous l'autorité de Jean-Louis Gergorin, l'un des esprits les plus brillants de sa génération, à la croisée des mondes public et privé, et disposant de solides relais dans les sphères du renseignement et de l'intelligence stratégique.

Créé en 1973 et rattaché directement au ministre des Affaires étrangères, le CAP réunit diplomates et experts afin de conduire des études de prospective à moyen et long terme, destinées à renforcer les capacités d'anticipation stratégique du ministère. Au sein de cette structure, il côtoie de nombreux hauts fonctionnaires qu'il retrouvera plus tard tout au long de sa carrière. Il y travaille principalement sur les dossiers africains et sur les questions liées au terrorisme.

Il révélera par la suite qu'en 1983 il avait sollicité un poste à Téhéran, candidature finalement rejetée : le visa lui est refusé par le chargé d'affaires iranien en raison du soutien militaire apporté par la France à l'Irak dans le cadre de la guerre Iran-Irak.[1]

Au terme de ses années de service à la « Centrale », à Paris, il est affecté en 1984 à l'ambassade de France à Washington, où il exerce les fonctions de premier secrétaire.

Institution ancienne et prestigieuse, l'ambassade constitue la représentation officielle de la France auprès d'un État étranger et a pour mission de gérer l'ensemble des relations bilatérales. Conformément au décret du 1er juin 1979, l'ambassadeur est dépositaire de l'autorité de l'État dans le pays où il est

[1] Dominique de Villepin, *Mémoire de paix pour temps de guerre*, Grasset, 2016, p.317-318.

accrédité. Placé sous l'autorité du ministre des Affaires étrangères, il est chargé de la mise en œuvre de la politique extérieure de la France.

Les missions de l'ambassadeur et des diplomates, telles que définies par la Convention de Vienne du 18 avril 1961 et par le décret du 1er juin 1979, s'articulent autour de plusieurs fonctions essentielles :

– la représentation, par laquelle l'ambassadeur incarne la France auprès du pays d'accueil, assume une responsabilité symbolique et politique et dispose d'occasions privilégiées de communication ;

– la négociation, qui vise à instaurer un dialogue entre gouvernements souverains afin de parvenir à des accords équilibrés, fondés sur la compréhension mutuelle des intérêts en jeu ;

– l'information, mission historique de la diplomatie, qui comprend la collecte, l'analyse et la transmission de renseignements, accompagnées de recommandations et de propositions à destination des décideurs ;

– la protection des intérêts, qu'ils soient politiques, économiques, commerciaux, financiers, culturels, scientifiques ou techniques ;

– la promotion des relations bilatérales dans l'ensemble de ces domaines ;

– la communication, l'ambassade ayant également vocation à rendre compte de son action.

La « chancellerie » désigne traditionnellement la structure restreinte composée des diplomates les plus proches collaborateurs du chef de mission. L'ambassadeur, en tant que chef de mission, coordonne et anime l'action de l'ensemble des services civils et militaires présents dans le pays : attaché de défense, conseillers économiques et commerciaux, conseillers culturels, scientifiques et de coopération, ainsi que les autres conseillers thématiques.

Les relations franco-américaines, d'une profondeur historique exceptionnelle, se caractérisent par leur densité et leur richesse. La France figure parmi les plus anciens alliés et amis des États-Unis. Toutefois, les divergences d'appréciation sur les grandes questions internationales demeurent nombreuses entre deux nations humanistes, chacune convaincue de sa vocation singulière dans le concert des nations et de son rôle de référence en matière de liberté et de démocratie.

Placée sous l'autorité de l'ambassadeur Robert de Margerie, l'action du premier secrétaire s'oriente d'abord vers les dossiers du Proche et du Moyen-Orient, avant qu'il ne rejoigne le service de presse de l'ambassade, aux côtés de Philippe Faure et de Catherine Colonna, deux diplomates avec lesquels il entretiendra des liens durables. Chargé du suivi des affaires moyen-orientales, il observe de près les évolutions de la politique américaine dans cette région stratégique, dans un contexte marqué par la guerre Iran-Irak et par l'ère du reaganisme triomphant. Réélu en 1985, le président républicain Ronald Reagan mène alors une politique à la fois libérale et interventionniste, dans un monde encore structuré par la guerre froide, la confrontation entre les États-Unis et l'Union soviétique et la course aux armements.

Déjà déçu de ne pas avoir été sollicité lors de la première cohabitation et de l'arrivée au pouvoir de Jacques Chirac en mars 1986 — alors qu'Alain Juppé est ministre délégué au Budget et que Camille Cabana est chargé des privatisations —, il commence à manifester une certaine impatience.

En 1987, il est promu deuxième conseiller et prend la direction du service de presse de l'ambassade. Le 29 mars de la même année, il accueille à Washington le Premier ministre Jacques Chirac à l'occasion d'une visite officielle. À la tête du service de presse, il assure la veille de la presse américaine, conçoit et supervise la stratégie de communication de la représentation française auprès des médias des États-Unis — radios, presse écrite et télévision —, tout en entretenant des relations suivies avec les correspondants des médias français en poste à Washington. Parmi eux figurent notamment Jean-Pierre Joulin, Jean-Luc Hees, Christian Ménenteau pour RTL, ainsi que Franz-Olivier Giesbert pour *Le Nouvel Observateur*.

Parallèlement, il développe un réseau étendu auprès des journalistes américains, des *think tanks* et des milieux universitaires particulièrement dynamiques de la capitale fédérale. Cette insertion lui permet de consolider sa position et de fréquenter des figures majeures de la vie intellectuelle, médiatique et économique américaine.

À Washington, Dominique de Villepin rencontre ainsi des journalistes tels que Jean-Pierre Elkabbach et Jean Daniel, des intellectuels comme Régis Debray, Edgar Morin ou Alain Minc, des chefs d'entreprise tels qu'Alain Gomez, et noue surtout une amitié durable avec Katherine Graham, propriétaire du *Washington Post*.[1] Durant son séjour à Washington, il publie à compte d'auteur deux recueils de poésie : *Paroles d'exil* en 1986, puis *Le Droit d'aînesse* en 1988.

L'occasion de se faire remarquer survient en septembre 1988, à l'approche de l'Assemblée générale des Nations unies à New York. Pour protester contre la décision gouvernementale de réduire les indemnités des diplomates français en poste aux États-Unis — justifiée par la faiblesse du franc face au dollar —, il mobilise ses collègues de Washington et de New York afin d'organiser un mouvement de grève à l'occasion du déplacement du président François Mitterrand et du ministre des Affaires étrangères Roland Dumas.

La tension est telle que le directeur du personnel et des affaires générales du Quai d'Orsay doit se rendre sur place afin de rencontrer les diplomates mobilisés et de prévenir l'escalade

[1] Daniel Rondeau, « *Villepin pile et face* », Le Monde, 3 octobre 2005.

du conflit. Si la situation est finalement apaisée, cet épisode lui vaut néanmoins de solides inimitiés, y compris au sein de sa propre hiérarchie, notamment de la part de son chef de poste.[1]

Face à l'hostilité manifeste de l'ambassadeur Robert de Margerie à son égard, il sollicite l'aide de son collègue Philippe Faure afin d'obtenir un entretien avec le directeur du personnel du Quai d'Orsay, dans l'espoir de changer d'affectation. Il exprime le souhait d'être muté à New Delhi, en Inde. L'entretien a lieu comme prévu en février 1989. Il est alors nommé numéro trois de l'ambassade de France à New Delhi, alors même qu'il avait explicitement demandé à en devenir le numéro deux. La famille s'installe donc en Inde, où il occupe les fonctions de premier conseiller.

Cette arrivée intervient à un moment où les relations franco-indiennes, anciennes de plusieurs siècles — depuis la Compagnie française des Indes orientales et les comptoirs français établis du XVIIe siècle jusqu'aux années 1950, notamment à Pondichéry — connaissent un développement soutenu. La concertation politique est régulière, la coopération culturelle, scientifique et technique particulièrement dense, appuyée par de nombreux projets de recherche et instituts franco-indiens, tandis que les échanges économiques et commerciaux sont en plein essor. Puissance nucléaire depuis les années 1970, acteur central du Mouvement des non-alignés et porte-voix du Tiers-Monde, l'Inde figure alors parmi les priorités de la diplomatie française.

C'est depuis ce poste qu'il observe et vit de l'intérieur les bouleversements majeurs de la scène internationale : la chute du mur de Berlin en novembre 1989, l'effondrement progressif de l'empire soviétique et la réunification allemande. En décembre 1991, la guerre froide prend officiellement fin, ouvrant un nouvel âge des relations internationales, dans lequel tant la

---

[1] Jean Saint-Iran, *Les Cent semaines : Villepin vu du Quai*, Éditions Privé, 2005.

France que l'Inde sont appelées à redéfinir une politique étrangère héritée du monde bipolaire.

Pour l'Inde, marquée par l'assassinat de Rajiv Gandhi le 21 mars 1991, cette période est également celle de profondes transformations internes, notamment sur le plan économique. Le Parti du Congrès, héritier de la tradition politique des Gandhi et des Nehru, engage alors une politique d'ouverture progressive : l'autarcie cède la place à des réformes libérales. Il gardera le souvenir d'une profonde fascination pour la douceur et la sérénité de Rajiv Gandhi, rencontrées lors d'un entretien accordé quelques jours seulement avant son assassinat.[1]

Numéro deux auprès de l'ambassadeur André Lewin, il est chargé de l'ensemble des volets de la coopération franco-indienne. À ce titre, le « numéro deux » assiste et supplée le chef de mission dans toutes ses fonctions : il centralise la correspondance diplomatique et en assure la cohérence, veille à la coordination entre les services techniques, supervise l'administration quotidienne de la représentation et, en cas d'absence de l'ambassadeur, assume les responsabilités de chargé d'affaires.

En 1990, Philippe Petit succède à André Lewin à la tête de l'ambassade de France en Inde. Le séjour à New Delhi se prolonge jusqu'en 1992. Il y reçoit régulièrement des responsables politiques français de passage, notamment issus de la droite, mais éprouve parfois le sentiment d'un éloignement prolongé et d'une activité insuffisamment dense. À ce titre, il hésite un temps avant de décliner la proposition que lui adresse l'industriel Jean-Luc Lagardère, qui lui offre de rejoindre son groupe actif dans les secteurs de la défense et de la presse.

Profondément imprégné par la civilisation et la culture indiennes, Dominique de Villepin conserve de ces années un attachement durable à ce qu'il perçoit comme un formidable

---

[1] Dominique de Villepin, *Le requin et la mouette*, Plon Albin Michel, 2004, p. 44.

laboratoire démocratique. Il s'intéresse tout particulièrement à ce que l'Inde incarne en matière de diversité, de compromis, de respect, de tolérance et de coexistence des cultures et des religions.

De retour à Paris, à la Centrale, en 1992, il est nommé directeur adjoint de l'Afrique centrale et orientale au sein de la direction Afrique du Quai d'Orsay. Le sous-directeur a pour mission d'impulser et de coordonner l'action des rédacteurs, tout en assurant le lien avec la haute hiérarchie administrative — directeur, directeur général et cabinet ministériel.

La zone Afrique centrale et orientale revêt une importance stratégique pour la France, en particulier dans l'espace francophone d'Afrique centrale, à Djibouti, au Tchad, en République centrafricaine, au Congo ainsi que dans la région des Grands Lacs, notamment au Rwanda et au Burundi. La présence française y est à la fois militaire — avec la base stratégique de Djibouti et des détachements en Centrafrique et au Tchad —, humaine et économique.

En 1992 et 1993, le dossier majeur de la région concerne la Somalie, pays ravagé par les luttes de clans et l'effondrement des structures étatiques depuis 1991. Les Nations unies prennent alors en charge la gestion de la crise sur le plan humanitaire. La résolution 733 du Conseil de sécurité instaure un embargo sur les livraisons d'armes et met en place des corridors humanitaires. Le 24 avril 1992, la résolution 751 crée l'ONUSOM (Opération des Nations unies en Somalie), dont l'objectif principal est de mettre un terme à la famine, marquant pour la première fois une priorité donnée par l'ONU à l'acheminement de l'aide d'urgence aux populations civiles.[1]

Les Nations unies engagent une concertation étroite avec les organisations régionales concernées — l'Organisation de l'unité africaine (OUA), la Ligue arabe et l'Organisation de la

[1] Boutros Boutros-Ghali, *Mes années à la maison de verre*, Fayard, 1999, p.90.

coopération islamique (OCI) — afin de rechercher une issue à la crise somalienne et d'assurer la surveillance d'un cessez-le-feu particulièrement fragile. En août 1992, les États-Unis, le Comité international de la Croix-Rouge et l'UNICEF mettent en place un pont aérien humanitaire, tandis que 3 000 Casques bleus supplémentaires sont déployés sur le terrain. À l'initiative du Sénégal et de la France, l'ouverture d'une conférence internationale sur l'aide à la Somalie est proposée ; elle se tient les 12 et 13 octobre 1992 et conduit à une intensification significative de l'assistance humanitaire. Le 29 octobre 1992, le représentant spécial du secrétaire général de l'ONU pour la Somalie démissionne, dénonçant la gabegie au sein de l'organisation.

Le 3 décembre 1992, le Conseil de sécurité adopte la résolution 794, qui autorise une opération onusienne d'aide humanitaire placée sous l'égide conjointe des États-Unis et des Nations unies. Le 9 décembre suivant, une avant-garde franco-américaine de l'opération « Restore Hope » débarque à Mogadiscio. Un accord est signé le 26 décembre 1992 entre les principaux chefs de guerre sous médiation américaine, sans toutefois permettre une stabilisation durable de la situation, les milices poursuivant leurs actions.

La résolution 814, adoptée le 26 mars 1993, institue l'ONUSOM II et autorise le recours à la force afin de désarmer les milices, parallèlement à l'engagement d'un processus politique interne en Somalie. En amont, dès le 15 juillet 1992, l'ONU avait lancé un vaste appel à l'aide internationale pour faire face à la famine, à la sécheresse et aux conflits armés qui frappaient l'ensemble de la Corne de l'Afrique.

Au-delà du dossier somalien, il est également confronté à plusieurs autres crises majeures du continent africain. À Djibouti, une opération militaire française de maintien de la paix est déployée. Au Rwanda, la trêve d'Arusha du 12 juillet 1992 met temporairement fin aux combats opposant le gouvernement aux rebelles engagés dans le conflit depuis 1990, tandis qu'un projet français prévoit l'envoi d'observateurs à la frontière avec l'Ouganda. Il suit également la délicate transition démocratique du Zaïre de Mobutu, marquée par l'assassinat de l'ambassadeur de France, tué par une balle perdue lors d'une mutinerie militaire le 29 janvier 1993.

Au sein de la direction des Affaires africaines et malgaches, il acquiert ainsi une expérience directe et exigeante de la gestion des crises internationales. Il est particulièrement marqué par la forte personnalité de plusieurs anciens administrateurs de la France d'outre-mer, parmi lesquels Guy Goergy, Jean Aussueil, Michel Chatelais, Christian de La Rochère, Marie-Claude CABANA et Jean-Marc Simon.[1]

Ses idées politiques

Marqué par le gaullisme et sensible à l'héritage napoléonien, il nourrit un attachement profond aux figures de Napoléon et du général de Gaulle. On y retrouve le goût pour un État fort, un exécutif puissant, la défiance à l'égard des partis et des corps intermédiaires, ainsi que la primauté accordée à l'action, à l'intérêt général et à la grandeur nationale.

Il se montre également réceptif aux idées progressistes portées par la « Nouvelle Société » de l'ancien Premier ministre Jacques Chaban-Delmas (1969-1972). C'est dans ce contexte qu'il adhère, en 1977, au Rassemblement pour la République (RPR), formation néo-gaulliste fondée l'année précédente par Jacques Chirac. Sans s'engager dans un militantisme actif, il soutient ce courant politique, qu'il estime le plus fidèle à l'esprit du général de Gaulle.

Dans la tradition politique française, la droite désigne historiquement le courant issu de la Contre-Révolution, d'abord hostile à l'héritage révolutionnaire, avant de regrouper l'ensemble des forces politiques faisant de l'ordre le pivot de leur action et de la fidélité au passé un principe structurant. Cette famille politique se caractérise par un ensemble

---

[1] Dominique de Villepin, *Mémoire de paix pour temps de guerre*, Grasset, 2016, pp. 329-330.

d'attitudes récurrentes : respect de l'ordre établi, culte de l'autorité et de la hiérarchie, croyance dans un ordre naturel des choses, attachement à la terre et à l'enracinement. Ces dispositions se traduisent par certains choix, comme le soutien au capitalisme ou la primauté donnée à l'ordre sur la justice.

La droite s'oppose ainsi à la gauche dans une vision de la vie politique française structurée autour de deux familles antagonistes. Toute tentative de définition concise et intemporelle se heurte toutefois à deux obstacles majeurs. D'une part, il n'existe aucun domaine — régionalisme, défense nationale, politique étrangère — sur lequel droite et gauche n'aient, à un moment ou à un autre, inversé leurs positions. D'autre part, la pluralité des traditions internes fait que les différentes droites ne partagent que rarement des positions communes à une époque donnée.

Longtemps, une forme de gêne propre à la culture politique française a conduit les partis et les responsables à hésiter à se revendiquer de droite. Cette réserve tend cependant à s'estomper à partir de 1981, avec l'arrivée de la gauche au pouvoir.

Dans *Les Droites en France*, René Rémond propose une typologie devenue classique. Il distingue d'abord la droite légitimiste, héritière des ultras de la Restauration et de la contre-révolution, fondée sur le respect des traditions et la fidélité au passé. Au XXe siècle, elle trouve une incarnation dans l'Action française de Charles Maurras, puis, plus récemment, dans l'intégrisme religieux issu des courants lefebvristes, la nouvelle droite d'Alain de Benoist et l'extrême droite du Front national.

La droite orléaniste, quant à elle, associe libéralisme et conservation. Elle a exercé le pouvoir sous des formes diverses, de la Monarchie de Juillet à la IVe République, notamment à travers les gouvernements d'Antoine Pinay et de Joseph Laniel. Sous la IVe République, elle s'incarne dans les Indépendants et se prolonge aujourd'hui dans l'Union pour la démocratie française (UDF), fondée par Valéry Giscard d'Estaing, qui intègre la démocratie chrétienne et le radicalisme de droite. Cette tradition inspire largement le septennat giscardien de 1974 à 1981.

Enfin, la droite bonapartiste conjugue autorité et nationalisme. René Rémond en repère les manifestations dans le boulangisme, le nationalisme de l'époque antidreyfusarde, les ligues des années trente, le poujadisme, et jusqu'au gaullisme. Sur le plan parlementaire, après avoir été en partie absorbée par le phénomène gaulliste, la droite réapparaît aujourd'hui sous des formes distinctes : le Rassemblement pour la République, d'inspiration gaulliste, l'Union pour la démocratie française, et, à l'extrémité du spectre, les thèses défendues par le Front national.

Marie-Claude Cabana sera la personne qui changera le destin du jeune diplomate ; en effet, alors que le Maire de Paris et Secrétaire général du RPR, Jacques Chirac, demande à ses collaborateurs de lui trouver des « énarques sachant écrire » pour l'aider à rédiger ses discours et ses interventions de politique étrangère, Mme Cabana, Sous-directrice au Quai d'Orsay, présente à Jacques Chirac, Dominique de Villepin en 1981.

Jacques Chirac évoque le 19 septembre 2000 cette rencontre : *« J'ai vu arriver ce grand garçon travaillant au service Afrique du Quai, capable de me fournir des notes et études en politique étrangère, chargé, je crois, de la Corne de l'Afrique, que j'ai trouvé d'une belle force intellectuelle, une bonne vision de l'étranger, un homme de culture, plein de finesse et de curiosité pour les arts premiers qui sont, on le sait, une de mes passions. »* Il poursuit : *« Nous nous sommes reconnus de nombreuses affinités et depuis, malgré ses longs séjours à l'étranger, nous n'avons jamais cessé de nous entretenir. Ensuite, de collaborer étroitement. Il a fait preuve au fil de toutes ces années d'une loyauté en béton à mon égard. Pour moi, la loyauté est une qualité fondamentale, qui l'emporte à mes yeux sur bien d'autres traits. »* Jacques Chirac ajoute : « *Une caractéristique de Villepin, c'est sa rapidité... Villepin a une étonnante capacité de réaction. Quand je lis une page, il en a déjà dévoré quatre. Il pige à une vitesse fantastique. Il est bon dans son choix des hommes. Il veut servir, simplement et intelligemment.* » En conclusion, Jacques Chirac dit : « *Il est très rare de rencontrer un homme qui, comme lui, soit à la fois un poète et un très bon capitaine d'escadron de commando... C'est un peu un fils pour moi* ». Dans le même article, Dominique de Villepin a dit : « *Ce qui m'a frappé en premier lieu chez Jacques Chirac, c'est son énergie, son dynamisme, et l'idée qu'il se faisait du service de la France. Ça m'a rappelé ces hautes voix... Pour lui l'exercice du pouvoir est un questionnement.* »[1]

Dans ses Mémoires publiés en 2011, Jacques Chirac revient sur sa rencontre avec Dominique de Villepin : « *Je sais pouvoir compter sur sa franchise et sa loyauté depuis ce jour, au tout début des années quatre-vingt où, alors jeune diplomate et déjà intégré à l'équipe de mes conseillers à la Mairie de Paris, il me recommanda sans ménagement de renoncer à un discours de politique étrangère sur lequel j'avais sollicité son opinion.* » Jacques Chirac poursuivit : « *Il me le renvoya flanqué d'un commentaire où il m'expliquait, en bref, que je risquais en le prononçant de passer pour un "zozo" sur la scène internationale.* » Jacques Chirac le convoqua à l'Hôtel de Ville pour lui dire que « *c'était de collaborateurs de son genre dont j'avais le plus besoin et lui promettre que nous serions appelés tôt ou tard à travailler ensemble à un autre niveau* ».

L'année 1981 marque donc le début des relations de travail entre Jacques Chirac et Dominique de Villepin ; le jeune diplomate adresse au Maire de Paris une synthèse hebdomadaire des actualités internationales et le rencontre à l'Hôtel-de-Ville chaque trimestre pour un tour d'horizon des principales questions internationales et de politique étrangère. Dominique de Villepin devient ainsi un des conseillers du chef

---

[1] Philippe Labro, « *Le Hussard et l'Horloger* », Le Monde, mardi 19 septembre 2000, p. 14-15.

de l'opposition française depuis mai 1981 et la victoire de la gauche, alors qu'il travaille toujours au Quai d'Orsay.

Désireux de s'investir au sein du RPR et porté par une ambition politique encore discrète mais bien réelle, le jeune diplomate est rapidement repéré par l'une des figures montantes du mouvement, Alain Juppé. Celui-ci le recrute, aux côtés de nombreux hauts fonctionnaires et rédacteurs, au sein du « Groupe J », cercle de réflexion fondé en 1979 afin d'approfondir l'élaboration doctrinale et programmatique du parti.

Une relation de confiance s'installe entre les deux hommes dès la fin des années 1970, nourrie par un attachement commun au gaullisme social, au néo-colbertisme et à une conception exigeante du service de l'État. Alain Juppé, qui gravit progressivement tous les échelons du RPR, accédera à des responsabilités ministérielles lors de la cohabitation de 1986. Dès 1985, il s'appuie sur son collaborateur pour l'assister dans l'élaboration de la plateforme politique commune RPR-UDF.[1]

Après son échec à l'élection présidentielle de 1988, Jacques Chirac doit faire face à une contestation interne au sein du RPR : celle des réformateurs en 1989, puis la motion Pasqua-Séguin en février 1990. Dans ce contexte de tensions, Alain Juppé demeure l'un de ses soutiens les plus constants.

Parallèlement à son activité de plume auprès de Jacques Chirac, le jeune diplomate s'investit, dès septembre 1981, dans les travaux du « Groupe 89 », cercle de réflexion animé par Alain Juppé et chargé d'élaborer le programme politique du RPR en vue de l'échéance présidentielle de 1988 et de préparer l'alternance à la gauche. Notes, discours et contributions intellectuelles nourrissent alors la réflexion stratégique du parti.

---

[1] Michèle Cotta, *Cahiers secrets de la Ve République 1986-1997*, Fayard, 2009, ebook.

Malgré de longs séjours à l'étranger, notamment aux États-Unis puis en Inde, Dominique de Villepin conserve des liens étroits avec Alain Juppé. À ce titre, il intègre le cercle restreint chargé de préparer la figure montante du RPR à l'exercice des fonctions de ministre des Affaires étrangères, dans la perspective des élections législatives de mars 1993, que la droite est largement pressentie pour remporter. Parmi les jeunes diplomates associés à cette réflexion en 1992 figurent Maurice Gourdault-Montagne, Bernard Émié, Xavier Driencourt et Pierre Ménat.[1]

En effet, le RPR gagne 115 sièges de députés et l'UDF 78 sièges, le Parti socialiste en perd 205. C'est la déroute de la gauche.

Le directeur de cabinet du ministre des Affaires étrangères (1993-1995)

La victoire de la droite aux élections législatives de mars 1993 et la nomination d'Alain Juppé au Quai d'Orsay vont donner un coup de pouce à la carrière de Dominique de Villepin qui devient le 30 mars 1993 le directeur de cabinet du ministre, une charge très importante et très prenante du Quai d'Orsay qui fait de son titulaire le principal conseiller politique et le fidèle collaborateur du ministre.

Dominique de Villepin faillit être préféré à Bernard de Montferrand comme conseiller diplomatique du Premier ministre Édouard Balladur, lorsque, dans les bureaux du boulevard Saint-Germain, Nicolas Bazire commençait, un peu avant les législatives de mars 1993, à griffonner des organigrammes. Dominique de Villepin aura de fréquents contacts avec Bernard de Montferrand entre 1993 et 1995, bien que ce dernier ait souvent estimé que le Quai d'Orsay

---

[1] Dominique de Villepin, *Mémoire de paix pour temps de guerre*, Grasset, 2016, p.334.

s'ingéniait à freiner ou à dénaturer les ambitions diplomatiques de Matignon.[1]

La relation amicale nouée entre Alain Juppé et Dominique de Villepin depuis les années 1980 contribuera à faciliter la coopération entre les deux hommes à la tête de la diplomatie française, dans un gouvernement dirigé par Édouard Balladur, qui s'affirme comme un rival potentiel à droite de Jacques Chirac.

Le directeur de cabinet ministériel est le plus souvent un haut fonctionnaire, mis à disposition ou en détachement de son corps d'origine. Son rôle, d'ordre politique, se distingue de celui du chef de cabinet, qui s'attache à l'organisation. Cette fonction, très diversifiée quant à ses missions, peut être approchée via des profils : politique (relation avec les formations politiques, gestion des élus, stratégie, notes d'analyse, plume), technocratique (note d'analyse, gestion de dossiers complexes ou sensibles, relations avec des institutions, mise en œuvre et suivi d'initiative politique) et superintendant (facilitateur, organisateur, gestion d'agenda et communication).

Le Cabinet, outre sa tâche d'organisation pratique des activités du ministre, le conseille, lui soumet les instructions destinées à l'administration centrale et aux postes, transmet ses directives. Il se charge aussi de la liaison avec la Présidence de la République, le Premier ministre, les autres cabinets ministériels ainsi que des rapports avec le Parlement.

Le ministre des Affaires étrangères est amené à collaborer étroitement avec le Président de la République ainsi qu'avec le Gouvernement qui détermine et conduit la politique de la Nation. Les cabinets d'Alain Juppé et des ministres sous tutelle (Lucette Michaux-Chevry à l'Action humanitaire et Alain Lamassoure aux affaires européennes) sont préparés par Villepin et comptent, entre autres, Bruno Racine, Xavier

---

[1] Bernard Brigouleix, *Histoire indiscrète des années Balladur Matignon durant la seconde cohabitation*, Albin Michel, 1995, p. 177.

Driencourt, Gabriel Keller, Philippe Martel, Pierre Ménat, Pascale Andréani, Bernard Émié, François Vervel, Nicolas Galey, François Delattre, Charles Fries, Dorothée Pineau et Étienne de Poncins.[1]

Le monde tel qu'il est en 1993 lorsqu'Alain Juppé accède au Quai d'Orsay est imprévisible et en même temps confiant : les Occidentaux et les Américains en premier lieu sont auréolés de la victoire sur le communisme et la dislocation de l'Empire soviétique en 1991 et rêvent d'un monde uni par le commerce, l'économie, la démocratie, les droits de l'homme et sous la protection policière d'une Organisation des Nations Unies (ONU) revitalisée et réformée.

C'est le vœu des Occidentaux, un monde sans guerre et ouvert aux marchandises, aux idées et aux libertés. Mais le monde de l'après-guerre froide va se révéler violent, complexe et difficile à cerner : les guerres civiles se multiplient et l'ONU s'avère inefficace à gérer toutes les crises, les vieux antagonismes ethniques et religieux refont surface et les hommes se déchirent, de l'Algérie au Rwanda et de l'ex-Yougoslavie à l'Angola.

L'Europe est confrontée à une nouvelle réalité : le Rideau de fer a disparu, le grand marché commun est une réalité depuis le 1er janvier 1993 (liberté de circulation des capitaux, des marchandises et des services), les peuples de l'Europe centrale et orientale regardent vers l'Ouest pour plus de démocratie, de liberté et de prospérité économique, l'islamisme déstabilise les pays arabes riverains de la Méditerranée, le processus européen d'intégration fait face au défi de l'élargissement et la Russie s'impose par la force dans sa nouvelle périphérie.

La politique étrangère que mène le duo Juppé-Villepin entre 1993 et 1995 s'inscrit dans la continuité de la diplomatie française gaullo-mitterrandienne avec un accent mis sur l'indépendance nationale et l'ambition universelle. La France a

---

[1] Thierry Desjardins, *Villepin le cauchemar de Sarkozy*, Fayard, 2012.

sa propre voix dans le concert des Nations et cette voix est fondée sur la promotion des droits de l'homme, le soutien à l'Organisation des Nations Unies (ONU) où Paris a un siège de membre permanent du Conseil de sécurité et l'offre d'une vision alternative des relations internationales fondée sur le respect des différences, la francophonie et la coopération multilatérale. Dès l'arrivée au pouvoir d'Alain Juppé fin mars 1993, la France se trouve en première ligne dans deux dossiers brûlants du moment : les négociations commerciales de l'Uruguay Round dans le cadre du GATT et les conflits en ex-Yougoslavie.

Les négociations commerciales du 8e Cycle de l'Accord général sur les tarifs douaniers et le commerce (GATT) entamées en septembre 1986 en Uruguay, connaitront une accélération des procédures en 1993 et aboutiront en avril 1994 aux Accords de Marrakech qui créent l'Organisation Mondiale du Commerce (OMC) rassemblant 117 pays, réduisent significativement des droits de douane et des subventions agricoles, instaurent l'importation libre du textile en provenance des pays en voie de développement et mettent en place un Organe de règlement des différends, étendent les droits de propriété intellectuelle. Les principaux volets de l'Uruguay Round concernent : les télécommunications, les services financiers, l'agriculture et les services. La France, sous la houlette d'Alain Juppé, a réussi à faire admettre ses positions sur le volet agricole et à défendre le principe « d'exception culturelle » pour les services.

En ex-Yougoslavie, les peuples de l'ancien pays unifié se déchirent et le terrain d'affrontement principal est la Bosnie-Herzégovine qui voit musulmans, Serbes et Croates se disputer le terrain âprement. Engagée via ses Casques bleus sous l'égide de l'ONU, la France se trouve partie prenante au conflit.

Le Quai d'Orsay en 1994 fait de la gestion des crises nombreuses qui émaillent l'actualité internationale : intégrisme islamiste en Algérie, génocide des Tutsis au Rwanda, guerre interethnique en Bosnie-Herzégovine, conflits périphériques de l'ex-URSS (Tchétchénie, Abkhazie, Transnistrie, flotte de la mer Noire en Ukraine), conflit politique en Haïti, prolifération nucléaire en Corée du Nord. Seules notes positives : les progrès cahin-caha du processus de paix israélo-palestinien et la transition démocratique en Afrique du Sud avec l'élection de Nelson Mandela à la présidence.

Confirmant son statut de « puissance moyenne à l'échelle mondiale », la France assume seule la responsabilité de l'Opération militaire « Turquoise » à but humanitaire au Rwanda, avec l'accord du Conseil de sécurité des Nations Unies. Intervenant après la dévaluation du franc CFA en janvier 1994, l'Opération Turquoise vise à rassurer les partenaires africains sur le maintien de la priorité africaine dans la diplomatie française d'aide et d'assistance.

Dominique de Villepin évoque son rôle dans l'affaire du Rwanda. Pendant de longues semaines, à la tête de la cellule de crise du Quai d'Orsay, il s'est efforcé, épaulé par une remarquable équipe de conseillers (Bernard Émié et Nathalie Loiseau) de rassembler les principaux acteurs français : Élysée, Matignon, Affaires étrangères, Coopération, Défense. Il n'a cessé de demander aux militaires la mise hors service de la Radio des Mille Collines.[1]

Vis-à-vis de l'Europe non membre de l'Union européenne, la France initiera sous l'égide de la Conférence pour la Sécurité et la Coopération en Europe (CSCE) des « Conférences sur la stabilité et la sécurité » réunissant en 1993 et 1995 l'ensemble des États européens pour discuter des mesures de confiance, de la protection des minorités et de la résolution pacifique des différends frontaliers et territoriaux.

Lorsqu'il quitte le Quai d'Orsay en mai 1995, le bilan d'Alain Juppé est mitigé : la guerre fait toujours rage en Bosnie, le conflit s'enlise en Algérie entre terroristes et autorités et

---

[1] Dominique de Villepin, *Mémoire de paix pour temps de guerre*, Grasset, 2016, p.213.

d'autres conflits apparaissent dans les marches de l'ancien empire soviétique. Seul le dossier européen connaîtra des avancées réelles avec l'élargissement de l'Union européenne à l'Autriche, la Suède et la Finlande, l'entrée en vigueur de l'Accord Schengen sur la circulation des personnes entre sept pays européens et l'ouverture d'une coopération renforcée vers la Méditerranée.

Sur le dossier de l'ex-Yougoslavie, la France présente sur le terrain aura partiellement réussi à mobiliser la communauté internationale (création du Groupe de contact, renforcement du rôle de l'OTAN et de la FORPRONU) mais sans parvenir à faire cesser les violences en Bosnie entre musulmans, Croates et Serbes.

Quant au Proche-Orient, les facteurs de guerre demeurent (extrémismes islamistes et juifs, colonisation des territoires occupés, tensions israélo-libanaises et israélo-syriennes…) et le processus de paix israélo-palestinien est dans l'impasse du fait des facteurs de crise et de tension.

La réforme du Quai d'Orsay. Pendant les années 1988-1993, le Quai d'Orsay est marginalisé dans la conduite des affaires. En avril 1993, Alain Juppé, nommé ministre des Affaires étrangères, décide d'engager une mission de réflexion et de réforme du ministère. Les opérations vont très vite. Il confie cette mission à Jean Picq, conseiller maître à la Cour des comptes, qui travaille d'avril au 6 juillet 1993, date à laquelle il remet son rapport qui se concentre sur la démobilisation des agents et l'adaptation au monde des années 1990 [1]. Le 2 septembre 1993, Alain Juppé présente le projet de réforme qui en découle aux directeurs du Quai d'Orsay.

La réforme Picq est politique dans ses intentions. Elle veut « remobiliser le département » démoralisé par les années qui venaient de s'écouler, se référant à la réforme Debré qui avait

---

[1] Maurice Vaïsse (sous la direction), *Diplomatie française Outils et acteurs depuis 1980*, Odile Jacob, 2018, pp. 33, 34.

eu lieu 25 ans plus tôt, elle se situe donc sous le signe gaulliste et « veut accroître l'efficacité du département et lui rendre sa place dans l'État ». Le rapport Picq présente des méthodes destinées à mieux utiliser les ambassades et le ministère des Affaires étrangères pour assurer une meilleure coordination générale.

Parmi les propositions du Rapport Picq, inédit : une direction plus collégiale, une action extérieure plus transparente et contrôlée par le Parlement, une fonction économique élargie, les Plans d'action pour les Ambassades, le renforcement de la fonction de coordination du Secrétaire général.

Par un décret du 5 février 1994, le Premier ministre a mis en place un Comité interministériel des moyens de l'État à l'étranger (CIMEE) présidé par le Secrétariat général du gouvernement. Il devait en principe : rassembler l'information relative aux moyens de l'action extérieure, déterminer les orientations relatives à l'implantation des services à l'étranger, proposer des mesures de redéploiement des moyens et de rationalisation administrative.

Ce comité a fonctionné régulièrement. La première réunion a eu lieu en mars 1994. Chaque ministère a été invité à préparer un plan d'évolution de ses moyens à l'étranger. Cinq groupes de travail ont été mis en place avec pour objectif commun de rationaliser les déploiements de moyens mis en œuvre à l'étranger afin d'aboutir à des économies (parc immobilier, moyens de communication, achats locaux, gestion du personnel, procédures).

Les travaux du CIMEE se poursuivent. Les opérations réalisées dans ce cadre s'inscrivent sous le sigle de la rationalisation des moyens d'action extérieure qui doivent être regroupés dans un souci d'économie et de simplification. L'autorité de l'ambassadeur sur les divers représentants à l'étranger des ministères fait l'objet de préoccupations de base. Des regroupements de services en 1996 ont conduit à proposer un redéploiement des réseaux administratifs à l'étranger.

La restructuration partielle du ministère résulte d'un décret du 4 novembre 1993. Les pouvoirs de l'ambassadeur sont renforcés par une circulaire du 8 novembre 1993 qui rappelle la teneur du décret du 1er juin 1979.

Le rôle du secrétaire général s'affirme. Son existence est confirmée et ses fonctions sont remodelées : « Il a vocation à assurer la haute direction de tous les services ». On reprend les termes du décret de 1920 auquel on se réfère explicitement. Cela conduit le secrétaire général à présider régulièrement des réunions de coordination des services, à exercer un pouvoir d'arbitrage si des conflits se produisent concernant le contenu des politiques dans un pays ou un groupe de pays. Il doit en outre assurer de façon forte le lien entre l'administration centrale et les ambassades. Il conserve sa tâche traditionnelle de représentation du ministre dans les réunions interministérielles et de présence et de liaison auprès des ambassadeurs étrangers. Si l'on regarde l'organigramme la place du secrétaire général est importante : il est le seul dont dépendent toutes les directions, autonomes les unes par rapport aux autres. Si l'on se réfère aux notes internes du ministère, ce qui apparaît le plus après la réforme est la tenue d'un grand nombre de réunions sous la présidence du secrétaire général : une fois par semaine une réunion est consacrée aux affaires politiques, une fois tous les quinze jours une réunion avec chacun des grands directeurs sectoriels et leur état-major, la préparation avec tous les directeurs de la réunion hebdomadaire avec le ministre.

L'autre idée clef de la réforme est de faire « un ministère plus présent, plus pugnace, plus adapté aux nouveaux enjeux diplomatiques et en particulier ceux de l'Union européenne et de la diplomatie économique ». Pour cela, on voulait réarticuler les rapports avec Bruxelles, avoir les moyens d'y prendre des initiatives. L'innovation essentielle va être de renforcer la direction économique du Quai d'Orsay en créant un « bras européen économique ».

Pour comprendre l'innovation tentée, il faut se référer aux insuffisances de la réforme de Valéry Giscard d'Estaing en

1976. L'organisation de 1976 avait en matière européenne des aspects positifs et négatifs. L'action économique du Quai d'Orsay s'était renforcée ainsi que son rôle en matière de coordination et d'arbitrage et son rôle dans les négociations européennes. La direction des Affaires économiques et financières avec en son sein les services de Coopération économique avait gagné une place importante dans la construction européenne : dans les négociations avec l'Europe c'est lui qui représente la France sur le plan économique et commercial ou qui est tout au moins le chef de file dans les pourparlers. Il contribue avec la SGCI à harmoniser et à coordonner les positions françaises : il a été l'inspirateur des positions de la France lors des négociations de Maastricht.

Les problèmes se sont posés lors de la mise en place progressive de la politique étrangère commune qui était de la compétence de la sous-direction d'Europe occidentale. Le dossier était mal pris en charge par l'administration et des chevauchements constants avaient lieu. Les problèmes se sont accrus avec la construction européenne.

La réforme Picq a essayé de rationaliser l'organisation française de prise en charge des questions européennes en créant un secrétaire général adjoint pour les affaires européennes et économiques qui comporte trois directions : la direction de la Coopération européenne, la direction de l'Europe occidentale, la direction des Affaires économiques et financières.

Mais les aspects politiques et militaires relèvent de l'autre secrétariat général adjoint pour les affaires politiques et de sécurité. C'est là que se traitent la PESC et les questions liées au Conseil de l'Europe.

Les principales réformes du Ministère des Affaires étrangères sont :

- La désignation de deux Secrétaires généraux adjoints : Alain Dejammet pour les affaires politiques et Claude Martin pour les affaires économiques et européennes ;

- La modernisation de la Direction générale des Relations culturelles, scientifiques et techniques ;

- La sécurité s'est ajoutée aux attributions de la Direction générale des affaires politiques ;

- Une Direction de la coopération économique européenne (CEU) reçoit les attributions de direction géographique à l'égard des États membres de l'Union européenne et la Direction de l'Europe continentale garde l'est de l'Europe et les Balkans ;

- Les missions de la Direction générale de l'Administration (DGA) ont été redéfinies pour mieux tenir compte de la vocation particulière du Département. La Mission de la modernisation s'emploie à rénover les méthodes et les procédures, elle prépare les travaux du Comité interministériel des moyens de l'État à l'étranger (CIMEE) ;

- Un Comité interministériel des moyens de l'État à l'étranger (CIMEE) fait chaque année l'inventaire des réseaux de l'État à l'étranger et de l'emploi des crédits d'action extérieure ;

- Une Conférence annuelle des Ambassadeurs de France à l'étranger est instituée chaque année à la rentrée (fin août-début septembre).

Survenant après des années d'attentisme, les réformes Juppé du Quai d'Orsay sont bien accueillies par les diplomates et par la presse spécialisée.

Le Premier ministre Édouard Balladur évoque parmi les succès de sa politique étrangère : le maintien du système monétaire européen, l'heureuse conclusion de la négociation du

GATT, le rétablissement de relations normales avec la Chine, la dévaluation du Franc CFA, le Pacte de Stabilité en Europe et la loi de programmation militaire.[1]

Alain Juppé témoigne de sa collaboration fructueuse avec Dominique de Villepin et des succès de sa diplomatie : *« Je le dois en grande partie à Dominique de Villepin. Grâce à sa parfaite connaissance du ministère, il me permit de constituer autour de moi une super équipe de jeunes diplomates, intelligents, motivés, créatifs. »* Il ajoute « *Dominique me fit partager sa conviction qu'il fallait un peu bousculer la maison, pour lui rendre confiance en elle-même et dans sa mission en y opérant de profondes réformes… Enfin et surtout, Dominique fut une mine d'idées et d'initiatives, souvent audacieuses et parfois dérangeantes, face aux grandes crises entre 1993 et 1995… Brillant, même brillantissime. »* Alain Juppé poursuit : « *Épuisant ses collaborateurs et ses chefs. Dérangeant par sa rapidité tant dans la réflexion que dans l'action ; excessif, porté à transformer en épopée napoléonienne tout épisode de circonstance, mais d'une créativité exceptionnelle dans l'invention des solutions à des problèmes insolubles ».*[2]

La confrontation entre Jacques Chirac et Édouard Balladur entre 1994 et 1995 est un avatar de la guerre des droites, une droite orléaniste libérale et conservatrice personnifiée par Édouard Balladur et une droite bonapartiste et gaulliste sociale représentée par Jacques Chirac. Fidèle à ses convictions gaulliennes, Dominique de Villepin s'engage résolument aux côtés de Jacques Chirac qui centre sa campagne sur le thème de la « fracture sociale », de la critique des élites et du renouveau gaulliste du service de l'État. Selon Claude Chirac, Dominique de Villepin est entré dans le tout petit cercle de Jacques Chirac au cours de l'été 1993, jouant le rôle d'interface entre le Maire de Paris et Alain Juppé.[3]

---

[1] Édouard Balladur, *Deux ans à Matignon*, Plon, 1995, pp. 158-159.
[2] Alain Juppé, *Mon Chirac une amitié singulière*, Tallandier, 2020, p. 109-111.
[3] Anne Fulda, *Un Président très entouré*, Grasset, 1997, p.28.

Jacques Chirac évoque dans ses Mémoires publiées en 2011 le rôle de Dominique de Villepin : *« Dominique de Villepin a été dans l'ombre un de mes relais les plus efficaces durant la campagne présidentielle. Ses responsabilités au Quai d'Orsay et sa position stratégique auprès d'Alain Juppé lui permettaient d'être mieux renseigné, sur la plupart des sujets, que je ne l'étais moi-même à ce moment-là. »* Il ajoute : *« Je lui dois d'avoir ainsi pu bénéficier d'informations de première main sur les affaires gouvernementales, l'imminence de certaines défections me concernant et les intrigues qui se tramaient contre nous dans l'entourage de mon concurrent ».*

Dominique de Villepin s'impose au sein des rouages de l'État comme l'un des rares soutiens non équivoques de Jacques Chirac alors que la majorité des élites politiques, économiques, sociales et culturelles du pays soutiennent Édouard Balladur. Villepin fait de son bureau au Quai d'Orsay un véritable état-major chiraquien avec Agathe Sanson et Bruno Racine. La proximité cultivée entre Dominique de Villepin et les Chirac scelle la collaboration étroite qui s'établira entre le candidat Chirac et Villepin.

La campagne présidentielle de 1995 en plus d'être marquée par les divisions et les guerres internes de la droite est le baptême de feu politique de Dominique de Villepin qui devient en quelque sorte un stratège et un conseiller de l'ombre pour démonter les attaques des balladuriens contre les chiraquiens : l'UDF (Union pour la Démocratie française) et une partie du RPR soutient Édouard Balladur, Premier ministre en exercice.

Le 13 février 1995, selon Franz-Olivier Giesbert, E. Balladur dit de Dominique de Villepin : *« Ce pauvre garçon, ce n'est vraiment pas une lumière. Un excité qui fait son faraud et ne se mouche pas du coude. Avec ça, pas un grain de bon sens. Quand je pense que Chirac en est réduit à utiliser des gens comme ça, franchement, j'ai de la peine pour lui ».*[1]

[1] Franz-Olivier Giesbert, *La tragédie du président scènes de la vie politique (1986-2006)*, Flammarion, 2006, p.200.

À l'issue du premier tour de l'élection présidentielle de 1995, Jacques Chirac devance Édouard Balladur et accède au second tour. Il est réélu face à Lionel Jospin, socialiste, le 7 mai 1995 avec 52 % des suffrages. Cette nette victoire permet à Dominique de Villepin de s'imposer dans l'équipe restreinte de Jacques Chirac aux côtés d'Alain Juppé, Philippe Séguin, Jean-Louis Debré, Alain Madelin et Jacques Toubon.

Le Secrétaire général de l'Élysée (1995-2002)

Après une campagne électorale épuisante et un combat fratricide pour la droite, Jacques Chirac est élu Président de la République et succède à François Mitterrand à la tête de l'État le 16 mai 1995. Dès son installation, il nomme Alain Juppé, Premier ministre, et Dominique de Villepin, Secrétaire général de l'Élysée.

Pour Dominique de Villepin, *« En 1995, c'est Jacques Chirac qui est venu me chercher : il a exigé que je sois Secrétaire général de l'Élysée alors que Juppé me proposait d'être son directeur de cabinet à Matignon. Je n'ai jamais eu besoin de m'imposer... J'ai toujours été en conflit avec Chirac. Je considère que parce qu'il y a de l'affection, tous les questionnements sont autorisés ».* Il ajoute : *« Dès l'origine, j'ai usé et abusé d'une liberté absolue de contradiction. Ce droit à la critique dure est une de mes sources de différends avec Bernadette ».*

Jacques Chirac revient dans ses Mémoires en 2011 sur la nomination de Dominique de Villepin : *« En confiant à Dominique de Villepin les fonctions de secrétaire général de l'Élysée, j'ai l'assurance que tout sera fait pour garantir, dans l'action quotidienne, cette parfaite entente entre les deux pôles de l'Exécutif. »* Il ajoute : *« Ancien directeur de cabinet d'Alain Juppé au ministère des Affaires étrangères, il me parait le mieux qualifié pour entretenir et préserver à tout moment avec l'équipe de Matignon et son interlocuteur direct, Maurice Gourdault-Montagne, une coopération que je sais indispensable au bon fonctionnement de l'État ».*

Jacques Chirac ajoute : « *Je n'ai pas choisi Dominique de Villepin pour cette seule raison. Le plus difficile, dans l'exercice du pouvoir, est de se doter de collaborateurs qui osent affirmer ce qu'ils pensent à celui qui les dirige, sans craindre de lui déplaire, ni se contenter d'abonder dans le sens de ce que lui, selon eux, souhaite entendre. Le phénomène de cour est inhérent au fonctionnement des entourages...* » Il poursuit : « *Homme de caractère comme on en dénombre peu au sein de l'appareil d'État, inventif, fougueux, stimulant, riche d'une expérience internationale acquise dès sa jeunesse, peu enclin à masquer ses convictions ou à atténuer ses jugements, Dominique de Villepin est un excellent antidote à cet esprit courtisan où la servilité le dispute toujours au conformisme.* » Jacques Chirac termine par : « *Dominique de Villepin se fait, à juste titre, une haute idée de sa fonction. Pour lui, l'ambition d'agir et d'entreprendre ne saurait se passer de culture, de style et d'idéal. Il possède les trois avec un égal brio* ».

Le 18 mai 1995, les Français découvrent une nouvelle figure politique lorsque, depuis le perron du palais de l'Élysée, est annoncée la composition du gouvernement d'Alain Juppé. Installé au cœur de la présidence et devenu le principal collaborateur du chef de l'État, il s'impose rapidement comme un acteur central du nouveau pouvoir, exerçant une influence notable, largement observée et commentée par les milieux politiques et économiques. [1] Cette proximité cultivée avec Jacques Chirac fera de Dominique de Villepin le passage obligé pour tous ceux qui souhaitent approcher le chef de l'État.

Figure originale, volontiers chevaleresque et anticonformiste, il est au cœur de la circulation des dossiers politiques et stratégiques. Informé de la majorité des entretiens du chef de l'État, il exerce une influence discrète mais décisive, agissant comme un conseiller de l'ombre au sein du pouvoir exécutif[2]. Ce qui lui donne une vision d'ensemble de la politique élyséenne chiraquienne. Le Secrétaire général de

---

[1]Anna Cabana, *Villepin la verticale du fou*, Flammarion, 2010, pp. 31-45.
[2]Anne Fulda, *Un Président très entouré*, Grasset, 1997, pp. 24-48.

l'Élysée coordonne le travail de l'équipe présidentielle, prépare les Conseils des ministres, conseille le Président, veille sur les « domaines réservés » (défense, Affaires étrangères) et gère également les affaires privées du Président. Il assure la coordination avec le Premier ministre, les partis politiques, les syndicats, et filtre les dossiers.

Daniel Rondeau rapporte que lorsqu'il avait rencontré Dominique de Villepin en 1995, il a constaté qu'ils avaient des figures en commun (Maurice Clavel, André Malraux, René Char), des mots fatals (enthousiasme, imagination, décision), et deux phrases aussi. La première de Bernanos : « Il faut refaire des hommes libres ». La seconde, de Paul Célan, « Jadis, il y avait de la hauteur ».[1] Des propos ont été attribués à Dominique de Villepin, notamment : « Je suis l'homme le mieux renseigné de France ».[2]

Il travaille en étroite osmose avec Matignon, où son ami Maurice Gourdault-Montagne occupe les fonctions de directeur de cabinet du Premier ministre. Très présent dans les affaires diplomatiques, il intervient régulièrement auprès du ministre des Affaires étrangères, Hervé de Charette, et pèse jusque dans le choix du secrétaire général du Quai d'Orsay[3]. La cellule diplomatique de l'Élysée en mai 1995 comprend Jean-David Lévitte, Bernard Émié, Pierre Ménat et François Delattre.

Le 1er juin 1996, Dominique de Villepin accède au grade diplomatique de ministre plénipotentiaire, puis le 4 octobre 2001, de ministre plénipotentiaire hors grade.[4]

Devant les blocages auxquels fait face le Premier ministre Alain Juppé, s'ajoutant à la fronde quotidienne de la majorité

---

[1] Daniel Rondeau, « *La guerre de Villepin* », L'Express, 8 mai 2003.
[2] Éric Zemmour, *L'homme qui ne s'aimait pas*, Balland, 2002, p.241.
[3] Christian Lequesne, *Ethnographie du Quai d'Orsay*, CNRS Éditions, 2017, ebook.
[4] Nadine Tournayre, *Dominique de Villepin et le monde visions et pratiques d'une politique étrangère*, Doctorat d'histoire, 24 juin 2009, Université Sorbonne Nouvelle Paris III, p.77.

menée par les gaullistes réunis autour de Philippe Séguin, les balladuriens et les souverainistes conduits par Charles Pasqua, le Président Chirac voit la morosité et le pessimisme l'emporter au sein de la majorité et dans l'opinion publique. La solution la plus naturelle d'un sursaut aurait été le remplacement d'Alain Juppé à Matignon, mais Jacques Chirac n'en voulait pas.

L'opinion publique est gagnée par le doute et l'incompréhension face à la politique de rigueur mise en place qui apparait comme le reniement des promesses de campagne sociale. Le Gouvernement Juppé a adopté la rigueur pour permettre de favoriser la croissance, restaurer la confiance économique et préserver le modèle de protection sociale. Ni le contrat initiative-emploi, ni l'augmentation du revenu minimum, ni le sauvetage de la Sécurité sociale n'apparaissent comme des avancées positives. Aux motifs d'insatisfaction s'ajoutent les « affaires » relatives à la gestion de la Mairie de Paris instrumentalisées par des membres de l'ancienne équipe gouvernementale, créant un climat délétère. À l'automne 1995, la France est confrontée au plus fort mouvement de grèves depuis mai 1968, contre la réforme de la sécurité sociale.

Alain Juppé et Jacques Chirac sont critiqués pour leur style de gouvernance et leurs politiques et en septembre 1996, aux journées parlementaires du RPR au Havre, le Premier ministre Juppé est confronté à un déchaînement de critiques de sa propre majorité.

C'est ainsi que la dissolution de l'Assemblée nationale élue en mars 1993, dans un contexte économique et social tendu, s'est imposée à tous comme le meilleur moyen de sortir de la crise politique et morale. Sur la base de rapports de Bercy sur la faiblesse de la croissance économique en 1998 et des rapports optimistes des préfets de région tablant sur une victoire de la droite et devant les pronostics alarmistes sur les résultats des élections législatives en mars 1998, le Secrétaire général de l'Élysée Dominique de Villepin propose en décembre 1996 à Jacques Chirac de dissoudre l'Assemblée nationale pour redonner une majorité au Premier ministre Alain Juppé, en difficulté depuis l'hiver 1995. Députés et sénateurs venaient plaider en ce sens à l'Élysée et la pression s'accentue en février 1997.

Après de nombreuses consultations et hormis les avis divergents de Philippe Séguin, Pierre Mazeaud et Bernard Pons, Jacques Chirac décide de dissoudre l'Assemblée nationale pour provoquer de nouvelles élections qui permettront, estime-t-il, au Gouvernement de disposer d'une majorité plus solidaire et plus soudée pour affronter le passage à l'union économique et monétaire européenne et opérer les réformes nécessaires. Dans une intervention radiotélévisée le 21 avril 1997, Jacques Chirac annonce aux Français son intention de dissoudre l'Assemblée nationale pour redonner la parole au peuple afin qu'il se prononce clairement sur l'ampleur et le rythme des changements à conduire pendant les cinq prochaines années. Évoquant les réformes en cours (protection sociale, armées, enseignement supérieur, fiscalité, éducation, justice), le Président Chirac rappelle les rendez-vous européens décisifs (passage à la monnaie unique).

Le premier tour des élections législatives anticipées a lieu le 25 mai 1997 : la droite et le centre ne recueillent que 36 % des suffrages contre 42 % pour la gauche et 15 % pour le Front national. Alain Juppé décide quels que soient les résultats du second tour de démissionner de ses fonctions : le 1er juin 1997, la gauche plurielle (socialistes, communistes, écologistes) remporte à haute main la majorité des suffrages, mettant en minorité la droite et obligeant Jacques Chirac à appeler à la tête du Gouvernement son rival malheureux des présidentielles de 1995, le socialiste Lionel Jospin. Cette lourde défaite de la droite atteint le prestige de Jacques Chirac qui devient isolé et amoindri alors que la droite dénonce unanimement la décision catastrophique de la dissolution, droite qui a en partie souhaité cette dissolution.

Le 10 juillet 1997, Dominique de Villepin confiait à Michèle Cotta : *« Tout nous a fait défaut, la croissance a été nulle en 1995, nous avons été trahis par les corporatismes, la montée du populisme, la montée des intérêts catégoriels. Les anticipations économiques se sont effondrées, les anticipations politiques aussi. Tout s'est retourné contre nous. La dissolution était un choc salutaire dans une spirale négative. Il fallait recourir au peuple ! ».*[1]

Le 14 juillet 1997, dans son interview traditionnelle, Jacques Chirac justifie la dissolution de l'Assemblée nationale par le risque d'immobilisme de l'action publique alors que la France avait des échéances européennes importantes. À propos de la dissolution, Dominique de Villepin déclare en 2010 : *« À l'époque, 95 % des membres de la majorité venaient nous voir, Jacques Chirac et moi, pour nous dire qu'il fallait dissoudre. Nicolas Sarkozy était l'un des plus ardents défenseurs de la dissolution... la dissolution que Jacques Chirac a faite, ce n'est pas celle que j'ai proposée ».* Il poursuit : *« J'étais pour l'initiative, or l'initiative s'est arrêtée à la décision de dissoudre. Une fois cette décision prise, il ne s'est rien passé. J'étais partisan d'une blitzkrieg, le Président a choisi d'établir une longue durée de campagne... ».* Il ajoute : *« Pour un Président de la République, l'élément essentiel de sa sérénité et de sa liberté c'est d'avoir un Premier ministre et une politique de rechange, Jacques Chirac n'en avait pas. Tout ça ne pouvait pas ne pas être vu. La dissolution a été ratée parce qu'elle est apparue comme un subterfuge... La dissolution ce n'est pas Dominique de Villepin... ».* Il termine : « *Cette décision, je l'ai tellement assumée que tout le monde pense que c'est moi qui l'ai prise. Et c'est très bien comme ça* ».

Jacques Chirac dédouane dans ses Mémoires publiées en 2011 Dominique de Villepin de la paternité de l'idée de dissoudre en 1997, considérant que l'erreur d'appréciation fut collective et c'est pourquoi il a refusé d'accepter la démission du Secrétaire général de l'Élysée. Selon Jean-Louis Debré, la dissolution imaginée par Dominique de Villepin avait pour objectifs de renforcer l'autorité politique d'Alain Juppé,

---

[1] Michèle Cotta, *Cahiers secrets de la Ve République, Tome IV, 1997-2007*, Fayard, 2011, ebook.

modérer les ardeurs contestataires de Philippe Séguin, contenir les ambitions clairement exprimées de Nicolas Sarkozy et anéantir les ultimes prétentions d'Édouard Balladur.[1]

La vague des protestations et des contestations s'adresse plus particulièrement à l'encontre du mauvais génie de l'Élysée, Dominique de Villepin, accusé d'avoir inspiré cette idée qui a provoqué la défaite de nombreux députés RPR et UDF et la perte du pouvoir par la droite qui devait gouverner jusqu'en 1998. Les surnoms pleuvent contre Villepin : Raspoutine, Néron, le fou follet, l'arnaqueur.

À la suite de son rôle supposé dans la décision de dissolution et l'ouverture d'une cohabitation de cinq années, il devient la bête noire du microcosme politique et médiatique français. Bernadette Chirac le surnomme alors « Néron », en référence à l'empereur romain accusé d'avoir laissé Rome brûler. Le chef de l'État ne gouvernera finalement que deux ans, et beaucoup attribuent cette débâcle à l'influence de cette éminence grise. Dès lors, il se forge de solides inimitiés, souvent au sein même de son camp politique.

Contre toute attente, il demeure pourtant à l'Élysée. Le 8 septembre 1997, il joue un rôle décisif dans la réconciliation entre Jacques Chirac et Nicolas Sarkozy, ce dernier ayant soutenu Édouard Balladur lors de l'élection présidentielle de 1995.

Outre le fonctionnement quotidien de l'Élysée, Dominique de Villepin aide le Président à orchestrer la cohabitation en travaillant avec le Directeur de Cabinet de Lionel Jospin à Matignon, Olivier Schrameck. Ce dernier évoque ses relations avec D. de Villepin : *« Nous n'avons pas eu de mal à trouver un langage commun respectueux de la personnalité de chacun, la sienne n'ayant assurément rien de commun. De manière tacite plutôt qu'explicite, nous avons adopté la seule démarche qui convenait, aussi courtoise que distanciée, qui nous permet sans*

---

[1] Jean-Louis Debré, *Tu le raconteras plus tard*, Robert Laffont, 2017, p.109.

interférence personnelle de jouer notre rôle de rouages auxiliaires de la cohabitation et donc de la marche de l'État ». Il poursuit : *« Nos communications téléphoniques concernent des discussions sur les nominations, des échanges d'informations, parfois l'élaboration de démarches urgentes selon les instructions qui nous ont alors été préalablement données... Je m'en tiens à nos rapports, qui ne sont pas de complicité mais de qualité, dont en tout cas nous n'avons à rougir ni l'un ni l'autre ».*[1]

C'est au tournant des années 2000-2001 qu'il acquiert une réputation sulfureuse d'homme de l'ombre, réputé pour sa maîtrise des réseaux du renseignement, du contre-espionnage et des manœuvres de riposte politique. Lorsque Jacques Chirac est mis en cause dans l'affaire des HLM de Paris, c'est lui qui lui suggère le terme devenu célèbre d'« abracadabrantesque », emprunté au poème *Le Cœur supplicié* d'Arthur Rimbaud (1871).

Cette image sombre, largement amplifiée par les médias et certains observateurs politiques, repose toutefois davantage sur une légende noire que sur la réalité. Elle pèsera durablement sur sa trajectoire, au point que Lionel Jospin le qualifiera de chef d'un supposé « cabinet noir » de l'Élysée. En réalité, cette appellation recouvre un cercle restreint de juristes et d'avocats chargés de répondre aux accusations visant le chef de l'État, parmi lesquels figurent notamment l'avocat Francis Szpiner et le magistrat Jean-Claude Antonetti.

Pour Franz-Olivier Giesbert, *« À lui tout seul, Villepin est une planète voyageuse qui change d'astre au gré des heures et de ses humeurs. Un coup, c'est la poésie. Une autre fois, l'art africain. Après ça, le cinéma. Ou bien encore la littérature, l'histoire napoléonienne, ses trois enfants, le président, et sans doute aussi, son propre destin politique ».*[2]

---

[1] Olivier Schrameck, *Matignon rive gauche 1997-2001*, Editions du Seuil, 2001, pp. 98-99.
[2] Franz-Olivier Giesbert, *La tragédie du président scènes de la vie politique (1986-2006)*, Flammarion, 2006, p.197.

La notoriété médiatique (2001)

En février 2001, Dominique de Villepin publie chez Perrin un ouvrage monumental sur les « Cent-Jours », période de l'Histoire de France en 1815 qui a vu Napoléon, Empereur déchu de 1814, retourner de son exil à l'île d'Elbe pour restaurer son trône pendant quelques mois avant la défaite militaire de Waterloo. Il évoque dans son livre *« l'âge de feu où littérature et politique ne faisaient qu'un »*. Il y dénonce l'esprit de cour qui a vaincu l'esprit de service.

Avec « Les Cent-Jours », chronique revisitée de la période comprise entre mars et juillet 1815 dans l'Histoire de France, Dominique de Villepin s'impose comme un historien hors pair dans le microcosme politico-médiatique français et dans les milieux bonapartistes. Il gagne une notoriété intellectuelle et médiatique et s'impose comme l'un des spécialistes de l'Épopée napoléonienne aux côtés de pointures comme Jean Tulard, Thierry Lentz et Benoit Yvert. L'ouvrage de Dominique de Villepin est couronné par le Prix des Ambassadeurs et le Prix Premier Empire de la Fondation Napoléon.

C'est vers les dernières années du septennat chiraquien en 2000 et 2001 que Dominique de Villepin sort vraiment de l'ombre et gagne une notoriété qui dépasse les frontières du microcosme parisien politico-médiatique. C'est à la faveur d'un article de Philippe Labro dans « Le Monde » du 19 septembre 2000 que le grand public découvre avec plus de proximité Dominique de Villepin et son rôle dans la cohabitation ; surnommé « Le Hussard », il fait figure de pilier de l'équipe élyséenne et travaille en collaboration avec Olivier Schrameck, le Directeur de Cabinet de Lionel Jospin pour aplanir les difficultés et arrondir les angles. *« Olivier Schrameck et Dominique de Villepin appartiennent à cette catégorie raréfiée de ceux qui vivent la vie du pouvoir, l'exercice de la politique à haut niveau, comme il y a des sportifs à haut niveau. Mais ils possèdent deux personnalités profondément contrastées.*

Villepin, c'est le Hussard, Schrameck, l'horloger. Rive droite, un cavalier. Rive gauche, un orfèvre ».[1]

Cette notoriété naissante sera confortée par la publication des « Cent-Jours » de Napoléon et la médiatisation pour faire la promotion de l'ouvrage fera connaitre Dominique de Villepin à un plus grand nombre de Français et dans le monde. Dominique de Villepin se fait donc un nom dans le monde des historiens et des bonapartistes.

Dans le microcosme parisien, l'image de Dominique de Villepin en 2002 est celle d'un technocrate arrogant, obsédé par l'épopée napoléonienne, diplomate connaissant mieux le Zambèze que la Corrèze, ayant un halo littéraire et une ténacité de marathonien (il court 10 km les week-ends) avec une passion pour les vieilles reliures, les arts premiers et la poésie chinoise.[2] Pour Raphaëlle Bacqué, « il y a effectivement entre le président et son secrétaire général plusieurs points de reconnaissance : un goût pour l'action, un amour pour les arts premiers, une même appartenance à l'establishment doublée du même refus affiché des rites de cet establishment ».[3]

Le premier tour des élections présidentielles en France le 21 avril 2002 crée un choc avec l'élimination de la gauche du deuxième tour et l'arrivée de Jean-Marie Le Pen de l'extrême droite en deuxième position (16,86 %) derrière Jacques Chirac (19,88 %), prouvant à quel point la crise politique, économique et morale du pays était profonde.

La société civile dans son ensemble se mobilise contre l'extrême droite et appelle à voter Chirac. Après la victoire éclatante de Jacques Chirac le 4 mai 2002, réélu par 82 % des suffrages, Dominique de Villepin plaide pour un gouvernement

---

[1] Philippe Labro, « *Le Hussard et l'Horloger* », Le Monde, mardi 19 septembre 2000, p. 14-15.

[2] François Dufay, *Dominique de Villepin Le grand stratège de Chirac*, Le Point, n°1547, 7 mai 2002.

[3] Raphaëlle Bacqué, « *Dominique de Villepin livre sa vision du pouvoir* », Le Monde, 20 février 2001.

d'union nationale large dans son spectre politique et resserré en nombre, mais Jacques Chirac préféra nommer à Matignon Jean-Pierre Raffarin, un ancien giscardien.

Dominique de Villepin décide « d'entrer dans la lumière » et de s'engager pleinement dans la vie politique nationale. Après sept années passées au cœur du pouvoir à l'Élysée, Dominique de Villepin publie en mai 2002 chez Albin Michel un essai politique *« Le Cri de la gargouille »*. Avec un style baroque, Dominique de Villepin fait un état des lieux de la Maison France et s'impose comme un intellectuel précurseur d'une pensée de droite renouvelée.

Par son ouvrage pragmatique, il prend date dans l'histoire des idées de la droite au pouvoir et se réclame d'une pensée réformiste et d'avant-garde. Pour Anne Line Roccati, le livre « confirme qu'il est, sinon une exception, du moins une curiosité dans le paysage politique français ».[1]

Dans ce livre, Dominique de Villepin souhaite que la France reste le « soldat de l'idéal » si elle parvient à reprendre confiance et à s'ouvrir aux souffles de l'ailleurs. Par sa force, par l'affirmation d'une puissance économique et financière face aux grands pôles américains et asiatiques, l'Europe peut contribuer à dessiner un nouvel horizon. Elle doit s'affirmer comme un rempart face aux excès de la mondialisation. La France retrouvera un rôle moteur dans la construction d'un continent pacifié et marchand mais auquel il reste à donner une identité spirituelle et une légitimité politique. L'Europe doit devenir une Europe de cœur et le principal défi est de réconcilier la nation avec l'Europe (transferts de souveraineté, institutions lointaines, oligarchie, élargissement) pour affirmer un certain leadership[2]. Parlant de Jacques Chirac, Dominique de Villepin évoque : *« une présence déterminée de chaleur et d'exemple, un homme debout... l'État pour lui est une haute*

---

[1] Anne-Line Roccati, « *Villepin ou le temps du sursaut* », Le Monde, 15 mai 2002.

[2] Dominique de Villepin, *Le Cri de la gargouille*, Albin Michel, 2002, pp. 201, 228, 229, 230.

exigence, la République n'est point une idée chimérique, la Nation un être de chair et de sang qui justifie les plus grands sacrifices au nom d'un idéal toujours vivant ». À la fin du livre, Dominique de Villepin écrit : *« la France est un grand et vieux chêne, toujours plein d'une sève éternelle ».*

Deuxième partie
Le ministre des Affaires étrangères
(mai 2002-mars 2004)

Dominique de Villepin retrouve le Quai d'Orsay, son corps d'origine, le 6 mai 2002 et devient ministre des Affaires étrangères, de la Coopération et de la Francophonie du Gouvernement de Jean-Pierre Raffarin.

La politique étrangère chiraquienne, entre 1995 et 2002, s'articule autour de : l'attachement au projet d'Europe-puissance par une construction européenne adaptée aux nouvelles réalités et reposant sur le moteur franco-allemand ; la concertation permanente avec les alliés américains ; le maintien d'une ambition française dans le monde arabe, en Méditerranée et en Afrique ; le renforcement de la coopération avec les grandes puissances émergentes (Russie, Chine, Inde, Brésil) ; et l'action en faveur d'une mondialisation humanisée par la protection de l'environnement, le respect des peuples premiers, l'aide au développement, et la régulation économique et financière. La France de Jacques Chirac appelle à un monde multipolaire mieux régulé.

Le Quai d'Orsay en 2002

Le Ministère des Affaires étrangères est l'instrument de la souveraineté extérieure de l'État. Son premier devoir est de fournir aux autorités, à toute heure et sans délai, une information précise, sûre et à jour sur tout problème international.

Face à la diversité croissante des affaires étrangères et à la multiplication des intervenants, le maintien de la cohérence de l'action extérieure demande un effort quotidien de coordination. Le Quai d'Orsay consulte, concerte et coordonne l'action extérieure de l'État.

Le Ministère prépare puis applique des décisions prises par le pouvoir politique (Président de la République, gouvernement, ministre). La politique étrangère, ce sont les grandes options qui correspondent à l'identité d'un pays à l'étranger et à l'idée qu'il se fait de ses intérêts, la diplomatie étant l'outil principal de la mise en œuvre de cette politique.

Face aux évènements extérieurs aussi diversifiés que différents, il revient au Ministère des Affaires étrangères de suggérer des réactions. Anticiper, inventer, concevoir, recommander, c'est la première mission des postes (Ambassades à l'étranger) et des services.

Le Ministère conduit l'exécution de la politique étrangère au quotidien à Paris et à l'étranger, il incombe aux services d'imaginer les mesures d'exécution à prendre. Une grande partie du temps des services se passe à préparer des entretiens, à tous les échelons.

L'histoire du ministère des Affaires étrangères accompagne celle de l'État et de la centralisation. La prise en charge des relations extérieures par une autorité unique et centrale a été une des marques de l'affermissement du pouvoir royal. Dans la seconde moitié du 16e siècle, un des quatre secrétaires d'État assistant le roi avait pour mission de s'occuper d'une série de contrées étrangères au royaume. Richelieu renforcera le système dont l'affermissement correspond à celui de la monarchie absolue. La Révolution et l'Empire lui donneront une forme moderne consacrant la prééminence d'un ministère autonome dans la conduite des relations extérieures.

Par la suite, le ministère des Affaires étrangères ne cessera de grandir en nombre d'agents, de services et de compétences. Mais la prolifération d'activités internationales de plus en plus diversifiées prises en charge par d'autres ministères va éroder son pouvoir à partir de la Seconde Guerre mondiale. Le ministère des Affaires étrangères n'en demeure pas moins le symbole de la présence de l'État sur la scène internationale et le moyen pour lui de transcrire sa souveraineté dans les faits et dans l'action quotidienne.

L'État prend en charge par l'intermédiaire de ses différents ministères techniques des secteurs importants de l'activité extérieure. Mais il a toujours voulu marquer sa présence unitaire en ce domaine en affirmant le rôle central de son ministère des Affaires étrangères et de ses ambassades.

L'histoire du ministère des Affaires étrangères dans la période récente est celle de l'extension d'une structure ministérielle qui s'étoffe progressivement au fil de la densification des relations internationales. En dépit de cette extension, des compétences lui échappent. Les gouvernements successifs affirment périodiquement la nécessité d'une coordination des relations extérieures par le ministère des Affaires étrangères.

En 2002, l'outil diplomatique français met encore en œuvre les grandes réformes décidées en 1998-1999 par le ministre de la cohabitation Hubert Védrine qui s'attache à la modernisation du ministère et à la rénovation des méthodes de travail, avec l'aide de Pierre Sellal (Directeur de cabinet), Stéphane Romatet (conseiller technique) et Loïc Hennekine (Secrétaire général).[1]

La coopération militaire et de défense avec l'ensemble des États étrangers est l'affaire d'une nouvelle direction qui regroupe la sous-direction de l'aide militaire et la mission militaire de l'ancien Secrétariat d'État à la Coopération.

L'année 1999 a été celle d'une réforme importante, le regroupement dans une grande direction générale de l'ensemble des services chargés de la coopération et du développement et la fusion entre le Secrétariat d'État à la Coopération et le Ministère. La réforme comporte cinq grands axes :

- Le Comité interministériel de la coopération internationale et du développement (CICID) fixe chaque année les grandes

---

[1] Maurice Vaïsse (sous la direction), *Diplomatie française Outils et acteurs depuis 1980*, Odile Jacob, 2018, pp. 35-36.

orientations et définit la zone de solidarité prioritaire groupant les pays qualifiés pour recevoir l'aide bilatérale ;

- La Direction générale de la Coopération internationale et du Développement (DGCID) fusionne les services des Affaires étrangères et de la Coopération. Les personnels seront intégrés. Dès 1999, un budget unique est présenté ;

- L'Agence française de développement (AFD) sera l'opérateur principal des projets ;

- La coopération sera contractualisée avec les pays de la zone prioritaire ;

- Un Haut Conseil de la coopération internationale donnera la parole aux acteurs autres que l'État et facilitera la convergence des opérations.

La DGCID comporte cinq directions

- La direction de la stratégie, de la programmation et de l'évaluation ;

- La direction du développement et de la coopération technique ;

- La direction de la coopération culturelle et du français ;

- La direction de la coopération scientifique, universitaire et de recherche ;

- La direction de l'audiovisuel extérieur et des techniques de communication.

Sont rattachées au Directeur Général, la Mission pour la coopération multilatérale et la Mission pour la coopération non gouvernementale.

En 1998 a été créée la « Mission entreprises » près de la Direction des affaires économiques et financières, il s'agit d'une petite équipe chargée de garder un contact permanent avec les grands groupes industriels et financiers, de les renseigner, de les guider, de s'informer sur leur stratégie.

Les attributions de la Direction des Français à l'étranger et des étrangers en France ont été étoffées et précisées en 1998 : le service des Français à l'étranger, le service des accords de réciprocité, le service des étrangers en France et le Conseil supérieur des Français de l'étranger.

La direction de la presse, de l'information et de la communication devient en 1999 la Direction de la Communication et de l'Information, elle assume toutes les tâches de communication extérieure et est répartie en trois sous-directions : presse, communication, information-documentation.

Rôle du ministre des Affaires étrangères[1]

Les fonctions du ministre des Affaires étrangères sont définies par les décrets d'attribution qui lors de la constitution de chaque gouvernement fixent le nombre et les attributions de chaque ministre. La rédaction même de ces décrets montre la permanence et même l'immanence de la tâche en confiant au ministre des Affaires étrangères la gestion des Affaires étrangères. Des changements d'intitulé ont eu lieu de 1981 à 1986, le ministre des Affaires étrangères étant devenu ministre des Relations extérieures (terminologie employée sous la Révolution française).

Le ministre peut aussi se voir adjoindre des ministres délégués et/ou des secrétaires d'État. En tout état de cause, le ministre des Affaires étrangères a un rôle juridique de base qui présente trois aspects.

[1] Marie-Christine Kessler, *La politique étrangère de la France acteurs et processus*, Presses de Sciences Po, 1999.

- Il a un rôle automatique de représentation de l'État dans la vie internationale, cela de par le droit français et le droit international. À l'exception du Premier ministre, le ministre des Affaires étrangères est le seul membre du gouvernement qui puisse être considéré comme représentant de l'État à l'extérieur. Cette solution dérive plus de la pratique internationale que du droit interne. Elle est liée aux usages qui se sont établis en matière de conclusion des traités internationaux.

- Le ministre a une fonction de négociation officielle. Les rencontres des ministres des Affaires étrangères sont devenues de plus en plus fréquentes. Elles se sont institutionnalisées. Dans de nombreuses organisations internationales, il existe un organe exécutif formé par la réunion des ministres des Affaires étrangères. Les développements récents ont accru leur rôle : ils représentent leur pays aux « conseils européens », il n'y a pas de suppléance ni de délégation possible.

- Le ministre est le chef hiérarchique de son département avec les prérogatives juridiques et administratives que cela implique. On rappelle toujours l'existence de textes anciens qui ont structuré le « ministère des Affaires étrangères » : le rattachement des Affaires consulaires aux Affaires étrangères (article 14, arrêté du 14 février 1793), la compétence exclusive du ministre des Affaires étrangères dans ses rapports avec l'étranger (arrêté du 22 messidor, An VII), l'interdiction faite aux autres ministres de recevoir des lettres d'agents étrangers (décret impérial du 25 décembre 1810).

Les services sur lesquels le ministre des Affaires étrangères exerce son autorité hiérarchique sont importants. Au 1er octobre 1997, la France disposait de 149 ambassades, de 3 ambassadeurs en mission. Elle possédait 17 représentations permanentes, 4 délégations auprès d'organismes internationaux, 87 consulats généraux, 18 consulats, 6 chancelleries détachées, 6 antennes consulaires.

Si on y ajoute le personnel de l'administration centrale, soit 3604 agents, et celui des établissements culturels (986 agents), le total des effectifs budgétaires est de 8802 personnes.

- Le ministre suit directement les rapports avec la presse qui sont confiés à un service spécial et à un porte-parole officiel du Quai d'Orsay. Dans le domaine de la politique étrangère où l'information peut être plus qu'ailleurs un moyen d'action et de manipulation, cette fonction est complexe. Les ministres successifs l'ont assumée avec plus ou moins d'habileté.

Le rôle du ministre des Affaires étrangères s'ajuste en fonction de celui du chef du gouvernement et de celui du chef de l'État. Les ministres des Affaires étrangères sont des acteurs de la politique étrangère qui ont eu un rôle variable selon les partenaires qui ont été les leurs sur la scène politique française et leur situation dans le jeu gouvernemental.

Sous la IIIe République, le rôle du ministre des Affaires étrangères s'est accru avec l'effacement progressif du chef de l'État. Mais son importance a varié avec la latitude que lui laissait le président du Conseil. Le rôle politique du ministre des Affaires étrangères s'est étoffé lorsque son titulaire était en même temps président du Conseil.

Sous la IVe République, le rôle du ministre des Affaires étrangères a été non négligeable quoique toujours limité par la courte durée gouvernementale.

L'histoire de la Ve République est marquée par les pouvoirs donnés par la Constitution au président de la République et par la conception gaullienne de la répartition des rôles au sein de l'État entre le président, le Premier ministre et le ministre des Affaires étrangères. Le Premier ministre a tendance à être laissé partiellement à l'écart sauf au cours des périodes de cohabitation ou à se voir réserver des dossiers précis.

La conception qu'avait le général de Gaulle de la politique étrangère peut être résumée de la façon suivante : le président donne l'impulsion, les orientations, le cadre : le ministre est un exécutant de haut niveau qui donne une forme diplomatique à une volonté politique. C'est sans doute pourquoi beaucoup de ministres des Affaires étrangères de la 5e République ont été de hauts fonctionnaires.

Peut-on tracer implicitement un portrait du « bon ministre » des Affaires étrangères ?

- La qualité de haut fonctionnaire et plus particulièrement de diplomate n'est pas nécessairement pertinente pour créer les conditions d'une action diplomatique d'envergure. Les ministres des Affaires étrangères qui ont donné une impression de qualité réelle n'étaient pas forcément des diplomates de carrière et n'avaient été hauts fonctionnaires qu'à un moment antérieur. Les personnalités issues du Quai d'Orsay ne sont pas celles qui réussissent le mieux.

- Tous ces commentaires sur la « qualité » d'un ministre conduisent à son image. La bonne ou mauvaise image d'un ministre est fonction de son charisme et de sa compétence qui se marquent par sa façon de traiter les dossiers, faire face aux interlocuteurs étrangers, résoudre les crises, gérer ses services, travailler et communiquer avec le chef de l'État et le chef du gouvernement. Cette image est largement construite par la presse et donc par la façon dont le ministre gère ses rapports avec la presse de son pays et la presse étrangère. Le rôle qu'ont ses collaborateurs et ses services dans la construction de son image est également important.

- La personnalité du ministre peut être forte et son passé politique et diplomatique important sans que pour autant il exerce une influence déterminante.

La façon de gérer le ministère dans son fonctionnement interne peut contribuer à donner une image satisfaisante d'un ministre. Elle ne suffit évidemment pas à l'imposer sur la scène internationale.

- Une entente peut exister entre le président de la République et son ministre des Affaires étrangères au-delà des appartenances politiques.

Les bons rapports du ministre des Affaires étrangères avec le président de la République sont un des facteurs déterminants de l'autorité du ministre des Affaires étrangères dans le cadre de la Ve République.

Lorsque le ministre des Affaires étrangères n'a pas l'estime et la confiance du président, il doit soit se cantonner à un rôle administratif, soit démissionner. D'une façon générale sous la Ve République le chef de l'État entretient des rapports privilégiés et souvent directs avec le ministre des Affaires étrangères. En période de cohabitation le choix du ministre des Affaires étrangères est surveillé de près par le président de la République. Mais le ministre des Affaires étrangères rencontre chaque semaine le président hors de la présence du Premier ministre et il fait une communication au Conseil des ministres qui ne passe pas par le filtre de celui-ci.

- Au-delà des relations avec le chef de l'État et avec la presse qui sont dans la France contemporaine des facteurs importants de la place du ministre des Affaires étrangères sur l'échiquier politique français et international, des explications complémentaires peuvent être cherchées.

Pour les diplomates français, un « bon » ministre est celui qui s'intéresse au fond des dossiers et à l'outil administratif tout en se faisant respecter par le Président de la République. Les noms d'Alain Juppé et d'Hubert Védrine sont régulièrement cités.[1]

Le ministre a une forte responsabilité dans le fonctionnement du système. Il peut réunir régulièrement les hauts responsables du ministère, recevoir les ambassadeurs,

---

[1] Christian Lequesne, *Ethnographie du Quai d'Orsay*, CNRS Editions, 2017, ebook.

annoter leurs télégrammes et les répercuter sur les services, écouter les avis ou s'en dispenser et se fier à son entourage. La composition du cabinet, la direction de celui-ci jouent un rôle dans l'osmose entre les différentes sphères décisionnelles du ministère ou, au contraire, dans leur isolement réciproque.

Le poste de directeur de cabinet du ministre des Affaires étrangères est en principe confié à un diplomate. Il est considéré comme normal au Quai d'Orsay que des spécialistes extérieurs au ministère soient responsables de grands secteurs comme les affaires économiques ou juridiques. Mais que les diplomates soient en minorité au cabinet est mal perçu.

Le rôle de base du cabinet du ministre des Affaires étrangères est la transmission au ministre avec un avis des notes émanant des services, l'envoi vers les services des directives du ministre, la liaison constante avec le secrétariat général du président de la République, le cabinet du Premier ministre et les autres ministres.

Le talent du cabinet consiste à effectuer des tâches de façon à assister et à soulager le ministre tout en ne faisant pas écran entre ce dernier et les différents responsables de la politique extérieure de la France. La question cruciale est celle de la communication avec les ambassades et les directions et services du Quai d'Orsay qui sont censés être la première source d'informations du ministre et tolèrent mal de ne pas l'être.

Le cabinet doit également fonctionner en harmonie avec le secrétaire général du Quai d'Orsay qui a autorité sur l'ensemble de l'administration des Affaires étrangères et dont le pouvoir a pu dans certaines occasions faire ombrage au ministre.

Le problème du Centre d'analyse et de prévision doit être évoqué. Créé en 1973, le CAP avait pour objectif de mieux préparer la décision politique grâce aux informations qu'il lui appartenait de recueillir. Il devait s'interroger sur les phénomènes neufs et transversaux échappant à la compétence traditionnelle du Quai d'Orsay. Il devait travailler en principe sur le long terme et avoir recours aux sources d'expertise les plus variées.

Le CAP a eu des difficultés à trouver sa place et à assurer son rôle au sein du Quai d'Orsay. Le plus souvent il a fonctionné comme une annexe du cabinet plus ou moins appréciée par les ministres qui se sont succédé. L'insuffisante utilisation du CAP par les ministres et par le président de la République a fait partie des critiques adressées à la politique mitterrandienne. Cela dit, l'existence du CAP quoique sujette à interrogation lors de toutes les réformes du ministère des Affaires étrangères a toujours été confirmée. Les études qu'il effectue constituent plutôt un ensemble de réflexions de qualité sur la situation du monde actuel qu'une base opérationnelle.

Un ministre des Affaires étrangères se doit d'être un bon négociateur. Cela suppose qu'il connaisse ses dossiers, qu'il sache apprécier les stratégies et les objectifs de ses adversaires, qu'il joue de diverses armes comme le temps, la psychologie. Il ne conduit pas lui-même l'ensemble des négociations et doit gérer ses collaborateurs. D'une façon générale le président de la République ne négocie pas les accords dans la mesure où il ne peut être l'interlocuteur direct que de chefs d'État et de gouvernement. Le ministre des Affaires étrangères reste donc le représentant principal de la France dans les négociations bilatérales ou multilatérales qui constituent la trame de la vie diplomatique.

Le ministre des Affaires étrangères intervient souvent en parallèle à côté d'autres ministres. Son rôle change de sens et se situe souvent à l'aval des négociations.

Si l'on s'en tient à l'aspect juridique et formel, le ministre garde un pouvoir en matière de décision finale. Le président de la République ne signe que très rarement les traités lui-même. Dans la pratique, les ministres des Affaires étrangères prennent chaque jour une série de décisions touchant les dossiers les plus divers qui alimentent la diplomatie bilatérale et multilatérale.

Les décisions qui font sens, qui marquent une étape dans les relations internationales, ne sont pas prises par le ministre des Affaires étrangères seul dans le système politique de la Ve République. C'est le président de la République qui y imprime sa marque.

Les ministres français des Affaires étrangères possèdent une résidence d'été, le Château de La Celles-Saint-Cloud, légué par un Luxembourgeois admirateur de Robert Schuman.[1]

L'équipe de Dominique de Villepin et la méthode de travail

Dès sa nomination le 6 mai 2002, Dominique de Villepin se voit adjoindre Renaud Donnedieu de Vabres qui est nommé ministre délégué aux Affaires européennes.

Dominique de Villepin choisit au hasard le 21 mai 2002 son directeur de cabinet, Pierre Vimont, qui restera pendant des années à ce poste stratégique. Il était Représentant de la France auprès de l'Union européenne à Bruxelles, Pierre Sellal, le Directeur de Cabinet d'Hubert Védrine, le remplace à Bruxelles. Le directeur de cabinet gère les crises, s'occupe de l'organisation du ministère ainsi que de la communication.

Suite aux élections législatives, Dominique de Villepin est reconduit dans ses fonctions mais pas Renaud Donnedieu de Vabres. Le 17 juin 2002, sont nommés auprès de Villepin : Noëlle Lenoir, ministre déléguée aux Affaires européennes ; Pierre-André Wiltzer, ministre délégué à la Coopération et à la Francophonie ; et Renaud Muselier, secrétaire d'État aux Affaires étrangères.

Le 18 juin 2002 sont nommés : François Delattre, directeur adjoint de cabinet, et Nicolas Warnery, chef de cabinet. Le chef de cabinet a un rôle purement administratif et s'occupe des aspects logistiques et de l'intendance, contrairement au directeur de cabinet, une fonction politique.

---

[1] Jean Saint-Iran, *Villepin vu du Quai Les cent semaines*, Privé, 2005, p.22.

Les membres du cabinet de Dominique de Villepin sont nommés par arrêté daté du 30 juillet 2002 :

- Chargé de mission auprès du ministre : Alain Seban (maître des requêtes au Conseil d'État) ;

- Pierre-Henri Guignard : Chef adjoint de Cabinet ;

- Conseillers : Nathalie Delapalme (corps d'origine : Sénat, Conseillère Afrique), Laurent Delahousse, Laurence Auer, Nicolas de Rivière, Christophe Farnaud, Francis Sandubray (de la Cour des comptes), Arnaud de Sury d'Aspremont, Bruno Le Maire (Conseiller pour les Affaires stratégiques) ;

- Conseillère pour les relations avec le Parlement : Nathalie Briot ;

- Conseillère pour la presse : Véronique Guillermo.

Seront désignés plus tard, Frank Melloul, conseiller presse, et Antonin Baudry, chargé des « éléments de langage ».

Le 10 septembre 2002, Hubert Colin de Verdière est nommé Secrétaire général du Quai d'Orsay, en remplacement de Loïc Hennekine.[1]Hubert Colin de Verdière a été directeur de cabinet d'Hervé de Charette entre 1995 et 1996.

Les principaux directeurs du Quai d'Orsay en 2002 sont : Pierre Ménat (Directeur de la coopération européenne), Stanislas Lefebvre de Laboulaye (Directeur politique à partir de septembre 2002), Paul Poudade (Chef du Protocole), Michel Foucher (Directeur du Centre d'Analyses et de Prévision, remplacé en décembre 2002 par Gilles Andréani), François Rivasseau (Directeur de la Communication et de l'Information, remplacé en mai 2003 par Hervé Ladsous), Philippe Zeller (Directeur général de l'Administration), Bruno Delaye

---

[1] Maurice Vaïsse, *La puissance ou l'influence ? La France dans le monde depuis 1958*, Fayard, 2009, ebook.

(Directeur général de la Coopération et du Développement, remplacé en septembre 2003 par Claude-Marie Blanchemaison), Alain Le Roy (Directeur des affaires économiques et financières), Thierry Dana (Directeur Asie Océanie), Bruno Joubert (Directeur Afrique Océan Indien à partir de janvier 2003), Jean-Michel Gaussot (Directeur Amériques Caraïbes), Jean Félix-Paganon (Directeur des Nations Unies et des organisations internationales, remplacé en septembre 2003 par Jean-Maurice Ripert), Gérard Araud (Directeur des Affaires stratégiques, de la sécurité et du désarmement) et Bernard Émié (Directeur Afrique du Nord Moyen-Orient à partir de septembre 2002).

Liste des ambassadeurs dans les postes les plus prestigieux entre 2002 et 2004 :

- ONU : Jean-David Lévitte (16 décembre 1999-30 novembre 2002), Jean Rochereau de La Sablière (30 novembre 2002- 8 août 2007) ;

- Washington : François Bujon de L'Estang (20 septembre 1995-25 novembre 2002), Jean-David Lévitte (25 novembre 2002-16 mai 2007) ;

- Moscou : Claude Blanchemaison (14 avril 2000- 25 août 2003), Jean Cadet (25 août 2003-novembre 2006) ;

- Berlin : Claude Martin (17 mars 1999-septembre 2007) ;

- Londres : Gérard Errera (30 août 2002-octobre 2007).

S'agissant de la méthode de travail de Dominique de Villepin lorsqu'il était ministre des Affaires étrangères, Villepin a les faveurs et la confiance de Jacques Chirac qui apprécie ses capacités de travail, ses formules acérées, sa fougue et sa fidélité éprouvée. Pendant ces deux années, il est l'homme de confiance du Président, son double. Le Président l'appelle fréquemment, plusieurs fois par jour pendant les périodes critiques, pour avoir son avis ou lui communiquer des instructions. La symbiose entre les deux hommes est totale. Les discours les plus importants du ministre sont portés à la connaissance de l'Élysée. Jacques Chirac les lit, mais pas systématiquement et les annote s'il le juge nécessaire.[1]

Dominique de Villepin exerce pour l'essentiel un rôle de mise en œuvre des orientations présidentielles malgré une proximité personnelle qui lui donne une réelle influence sur leur définition.[2]

Entre 2002 et 2007, la diplomatie de Jacques Chirac se développe librement : il n'y a plus de cohabitation. Plus que jamais la diplomatie est menée de et par l'Élysée. Jacques Chirac et Dominique de Villepin partagent une carte mentale « du rang et de l'indépendance nationale » à l'opposé de la carte mentale occidentaliste et atlantiste.[3]

Lors de la crise irakienne, alors que les malentendus transatlantiques sont à leur comble, Dominique de Villepin prend l'initiative d'inviter le 25 février 2003 des membres de la majorité (députés et sénateurs) pour leur expliquer sa politique étrangère.

Visions de la France et du monde

Dominique de Villepin fait une déclaration le 9 juillet 2002 sur les enjeux, les priorités, les méthodes et les moyens d'action de la diplomatie française lors de la réception des agents du département à l'occasion du 14 juillet. Pour lui, l'Europe, la France, ont un rôle essentiel à jouer afin de contribuer à éclairer l'avenir, à le jalonner de balises. Les priorités sont : d'affirmer l'ambition européenne pour une France forte dans une Europe forte ; de renforcer la capacité à répondre aux principales

---

[1] Christian Lequesne, Maurice Vaïsse (sous la direction), *La politique étrangère de Jacques Chirac*, Riveneuve Editions, 2013, pp. 37-39.
[2] Maurice Vaïsse (sous la direction), *Diplomatie française Outils et acteurs depuis 1980*, Odile Jacob, 2018, p.51.
[3] Christian Lequesne, *Ethnographie du Quai d'Orsay*, CNRS Editions, 2017, ebook.

menaces ; de peser en faveur d'une mondialisation mieux maîtrisée ; de renforcer la capacité d'influence dans le règlement des crises régionales ; de redéfinir les partenariats avec les grands pôles du monde (États-Unis, Russie, Chine, Asie du Sud, MERCOSUR, Japon) et d'être fidèle aux partenariats anciens, particulièrement l'Afrique. Dominique de Villepin considère que les exigences des agents sont l'ouverture, le professionnalisme (formation et gestion des ressources humaines).

Dominique de Villepin fait une déclaration le 27 août 2002 lors de la 10e Conférence des Ambassadeurs. Selon lui, trois ruptures successives ont bouleversé l'ordre du monde : chute du Mur de Berlin, choc de la mondialisation, choc du 11 septembre et le monde est imprévisible, dangereux et interdépendant ; un libéralisme triomphant a creusé les inégalités, gaspillé les ressources naturelles et provoqué des atteintes à l'environnement. Les plaies anciennes demeurent : pauvreté, faim, épidémies, environnement, conflits régionaux et de nouvelles menaces apparaissent : terrorisme, prolifération des armes de destruction massive et crime organisé. Le danger est le vide de la puissance. En réponse, Dominique de Villepin souligne l'importance de la démocratie (impératif de partage, de légitimité et de justice), l'ouverture des grands chantiers (pauvreté, maladies, environnement, conflits régionaux, crises financières), davantage de démocratie et d'efficacité pour l'Europe, le devoir de solidarité vis-à-vis de l'Afrique et l'idée d'une conférence internationale pour relancer le processus de paix au Proche-Orient. S'agissant des réformes au Quai d'Orsay, Dominique de Villepin appelle à rationaliser le réseau extérieur, l'adapter aux nouvelles réalités, créer un seul « Institut français » et une chaîne internationale d'infos en continu et relancer les travaux du Comité interministériel des moyens de l'État à l'étranger.

Le 4 septembre 2002, Dominique de Villepin accorde des interviews à France Info et LCI sur les défis et priorités de la politique étrangère de la France. Selon lui, ce n'est pas l'excès de la puissance qui menace le monde, c'est le vide de la puissance. Il appelle à régler les crises régionales et énumère les menaces anciennes (épidémies, pauvreté, crises régionales) et les menaces nouvelles (terrorisme, risque de prolifération, environnement).

Dans une interview à TV5 le 6 septembre 2002, Dominique de Villepin appelle à offrir une perspective politique aux crises régionales (Afghanistan, Proche-Orient, Balkans) et déclare que le 11 septembre vient rappeler l'Europe à ses devoirs car aucune puissance ne peut assurer seule la stabilité et la sécurité du monde. Dominique de Villepin considère que Yasser Arafat est le représentant élu, légitime, du peuple palestinien et que la Francophonie a une ambition forte de peser davantage sur les affaires du monde. Il se déclare frappé de voir partout un désir de France, une attente vis-à-vis de la France.

Le 9 septembre 2002, Dominique de Villepin publie la tribune « Le choix de la volonté », un an après le 11 septembre, au Figaro. La mondialisation a montré sa face d'ombre : crimes, réseaux, fanatisme, terrorisme, prolifération des armes de destruction massive, crime organisé, grande pauvreté, famine, épidémies, destruction de l'environnement, turbulences financières et crises régionales. L'action internationale doit se fonder sur des principes (légitimité, partage, justice) et des règles (efficacité, collégialité). Il faut plusieurs pôles de pouvoir, de responsabilité et de stabilité : Europe, États-Unis, Chine, Russie, Inde, Japon. La France a la vocation et l'ambition de jouer un grand rôle, elle en a les moyens (éducation, technologies, Europe, G8, OTAN, ONU, pouvoir de mobilisation réel). La vocation singulière de la France à l'universel est un atout et une chance.

Dans une interview à France Inter le 9 septembre 2002, Dominique de Villepin considère que le monde est frappé par l'urgence et l'interdépendance, la pauvreté, la famine, les crises régionales et les menaces nouvelles (terrorisme, prolifération des armes de destruction massive). Les États-nations restent les éléments dominants dans un monde confronté à trois chocs : chute du Mur de Berlin, mondialisation et 11 Septembre. Les problèmes Nord-Sud réapparaissent. Pour Dominique de Villepin, la collaboration contre le terrorisme est nécessaire dans les domaines de la police et du renseignement et considère que l'Europe est passeur entre les grandes régions du monde.

En tant que représentant d'un pays voisin et ami, l'honneur revient à Dominique de Villepin le 10 septembre 2002 de recommander à l'Assemblée générale l'adoption du projet de résolution portant admission de la Suisse à l'ONU. Soulignant que la Suisse est le seul État à avoir adhéré à l'ONU suite à un référendum populaire, Dominique de Villepin rappelle le rôle fondamental de la Suisse (développement, droit international, humanitaire).

Dans sa déclaration lors du débat général de la 57e Assemblée générale des Nations Unies à New York le 12 septembre 2002, Dominique de Villepin félicite la Suisse et Timor-Est pour leur admission à l'ONU et appelle à prendre garde que les interventions ne créent de nouvelles frustrations, n'engendrent de nouveaux déséquilibres, n'allument des incendies impossibles à éteindre. Aucune puissance ne peut assumer seule la responsabilité de l'équilibre du globe et le dialogue des cultures est essentiel. Abordant diverses crises (RDC, Sahara occidental, Proche-Orient), la France propose la création d'un Conseil de sécurité économique et sociale et d'une Organisation mondiale de l'environnement. Dominique de Villepin défend la Cour pénale internationale et avance l'idée de conventions pour les handicapés, les victimes de disparitions forcées, la torture, la lutte contre la corruption et le clonage humain à des fins de reproduction. La France soutient les aspirations de l'Allemagne, du Japon et de l'Inde à devenir membres permanents du Conseil de sécurité de l'ONU.

Pour Dominique de Villepin (interview au Figaro Magazine le 8 novembre 2002), *« la puissance d'une nation n'est pas seulement dans sa démographie ou ses arsenaux. Il existe autre chose qui transcende ces données : les valeurs, les principes, la générosité, la solidarité, la liberté. Voilà ce que la France représente pour nombre de pays. Nous n'avons pas le droit de les décevoir ».*

Dans une interview à Paris Match le 16 janvier 2003, Dominique de Villepin déclare : *« L'inspiration gaullienne est au cœur de ce que j'entreprends, marquée par le souci de l'indépendance de la France et la volonté d'assumer notre rang et notre mission, d'afficher nos convictions et de refuser les compromissions ».*

La France prend l'initiative de réunir le 20 janvier 2003 le Conseil de sécurité de l'ONU au niveau ministériel à New York pour discuter de la lutte contre le terrorisme. Dominique de Villepin déclare que beaucoup a été fait (rôle essentiel de l'ONU, résolution 1373, sanctions contre Al-Qaïda, Comité du contre-terrorisme, travaux du G8 sur la non-prolifération et le financement du terrorisme) mais beaucoup reste à faire, notamment l'adoption des Conventions contre le terrorisme et la lutte contre le terrorisme nucléaire.

Le 27 mars 2003, Dominique de Villepin prononce à l'International Institute for Strategic Studies de Londres, un discours sur « Le droit, la force et la justice ». Le 11 septembre a mis fin à la période de construction d'un nouvel ordre mondial. Dominique de Villepin évoque les risques d'une incompréhension grandissante entre les peuples qui pourrait aboutir à un affrontement entre les cultures. À travers l'Irak, deux regards sur le monde se confrontent : entre légitimité internationale et défense des intérêts nationaux de sécurité. Dominique de Villepin met en garde contre les risques d'un emploi préventif de la force et appelle à la responsabilité et la légitimité. La force doit être au service du droit et seule la justice garantit une sécurité durable.

Dans le magazine Label France, d'avril-juin 2003, Dominique de Villepin publie la tribune « Le défi de la mondialisation ». Contre les tentations de la peur, de la force, du scepticisme et de l'indifférence, il prône trois piliers : la légitimité (démocratie, État de droit, action collective), le partage (dialogue des cultures et Europe) et la justice (solidarité). La France prône une diplomatie économique forte, des normes internationales de régulation prudentielle et de lutte contre le blanchiment. Le G8 n'est pas un directoire du monde.

Le 7 mai 2003, à l'Assemblée nationale à Paris, Dominique de Villepin considère que le fonctionnement de la Commission des droits de l'homme de l'ONU n'est plus adapté et doit être revu. Il appelle à mettre en place un corps permanent d'inspecteurs internationaux.

Interrogé par Le Journal du dimanche le 3 août 2003 sur son meilleur souvenir et ses moments les plus difficiles depuis qu'il est à la tête du Quai d'Orsay, Dominique de Villepin évoque les avancées de l'Europe en dépit des divisions et des hésitations ainsi que l'accord de Marcoussis ; la crise irakienne fut le moment le plus difficile.

Dominique de Villepin prononce le 28 août 2003 un discours d'ouverture de la 11e Conférence des Ambassadeurs à Paris. Il évoque deux impasses du monde actuel : le fatalisme et la confrontation et appelle à construire un ordre mondial fondé sur la responsabilité collective.

Le 29 août 2003, Dominique de Villepin intervient devant la 11e Conférence des Ambassadeurs à Paris et présente le Plan d'Action stratégique : le fonctionnement du Ministère doit intégrer trois impératifs (principe de vérité, sens de l'urgence, primauté de l'action). Dominique de Villepin a proposé au Premier ministre que l'ensemble des crédits de l'action extérieure de l'État soit présenté au Parlement au sein d'une mission interministérielle unique. Dominique de Villepin évoque des urgences (mettre en adéquation moyens et objectifs, établir un constat réaliste sur les faiblesses actuelles) et trois priorités (renforcement de la coordination entre les services, responsabilisation des agents, accentuation du caractère opérationnel des démarches). Parmi les autres mesures proposées : la mise en place d'un Conseil d'orientation stratégique, la création d'une direction collégiale autour du

Secrétaire général, la mise en place d'un Comité interministériel de sécurité, l'adoption de Plans d'action par les Ambassades, la transparence dans la gestion des moyens humains et la rationalisation du réseau diplomatique, consulaire et culturel.

Le 24 septembre 2003, Dominique de Villepin intervient au Conseil de sécurité de l'ONU à New York sur le thème « La justice et l'état de droit : le rôle des Nations Unies ». Il appelle à faire prévaloir l'exigence de justice et les vertus de la paix et à concilier la promotion des valeurs universelles avec la nécessaire prise en compte des caractères spécifiques de chaque société, de sa culture et de son identité.

Dans une tribune au journal Le Monde, le 7 octobre 2003 intitulée « Point de déclin mais un destin », Dominique de Villepin écrit que la nostalgie d'un âge d'or est presque aussi vieille que la France elle-même. La France s'inquiète de l'Europe et de la mondialisation, mais à l'étranger, elle reste un pôle de pensée et de culture, une puissance majeure sur le plan économique, militaire ou politique.

Dans une déclaration au parti UMP sur le thème « Pour une nouvelle éthique du monde », le 28 octobre 2003, Dominique de Villepin déclare que la France refuse la nostalgie et le fatalisme et que l'Europe doit assumer pleinement son rôle de gardien et d'éclaireur. La France s'emploie à mettre les pays du Sud au cœur des préoccupations internationales. Évoquant les biens publics mondiaux et la protection des œuvres de l'esprit, Dominique de Villepin annonce que la France propose la création d'une nouvelle enceinte politique capable d'assurer dans les domaines économiques, sociaux et environnementaux, le rôle d'impulsion et de direction dont le monde a besoin.

Dans une interview au magazine Newsweek, le 8 décembre 2003, Dominique de Villepin considère que si nous développons des liens entre les pôles de puissance (Europe, Chine, MERCOSUR, Afrique), nous aurons la prospérité, la sécurité et la stabilité. Les États-Unis doivent assumer leurs responsabilités dans le monde et ils doivent le faire en tant que membres d'une équipe.

Dominique de Villepin accorde en février 2004 une interview à la revue Politique Internationale. Dans son action, il dit regretter l'Irak et la désunion contre nature de l'Europe. Pour lui, le devoir est de travailler à ce que le monde soit organisé pour accueillir les acteurs émergents et garantir une stabilité durable. Le monde multipolaire doit être un monde multilatéral et l'action doit tendre vers une démocratie mondiale dans un cadre multipolaire, avec une exigence constante de justice et de solidarité. S'agissant du projet américain de Grand Moyen-Orient, Dominique de Villepin rappelle la spécificité de chaque peuple, son histoire, sa culture, sa religion. Pour lui, *« la France appartient au petit cercle des pays qui exercent des responsabilités particulières au regard de la paix et de la sécurité internationale. Son expérience de puissance globale, ses traditions démocratiques au service de la paix et du droit lui valent audience et crédibilité. Sur tous les grands dossiers (développement, environnement, diversité culturelle), dans toutes les zones de fracture (Afrique, Asie, Balkans, Moyen-Orient), on sollicite son avis, sa coopération, son engagement ».* Pour Dominique de Villepin, la souveraineté des États peut et doit être limitée en cas d'atteintes graves et urgentes au droit humanitaire, mais il est essentiel de définir ensemble les règles et les modalités de ce droit.

Dans une interview à NHK le 2 mars 2004, Dominique de Villepin déclare : *« Je n'essaie pas de ressembler au général de Gaulle mais il est très important selon moi d'essayer d'assurer la continuité ».*

Pour Dominique de Villepin, la voix de la France demeure nécessaire à l'équilibre des relations internationales. Elle porte une légitimité nourrie par l'expérience. Trait d'union naturel, souvent porte-voix des plus démunis, elle ne peut s'enfermer dans la seule « famille occidentale » sans se renier.[1]

L'Europe

Dominique de Villepin déclare à propos de la construction européenne : *« De toute façon, personne ne comprend plus rien à l'Europe. Vous parlez de technique, de commissions, de procédures, de majorité qualifiée, personne ne sait ce que c'est. Les gens croient que nous avons donné notre destin à un monstre. Il faut rendre l'Europe lisible, lui donner un visage »*.[2]

Dominique de Villepin participe à la réunion du Conseil Affaires générales les 13 et 14 mai 2002 à Bruxelles. Il réaffirme la force de l'engagement et la foi en l'Europe, une Europe démocratique, une Europe élargie et forte, une Europe qui compte dans le monde. Il faut, selon lui, que les peuples se réapproprient le projet européen. Il faut des réponses concrètes aux préoccupations des citoyens : sécurité des personnes et des biens, lutte contre l'immigration clandestine, combat contre le terrorisme, sécurité alimentaire, environnement et maîtrise de la mondialisation. L'Allemagne et la France doivent rester une force d'impulsion.

Dominique de Villepin prend part, les 14 et 15 mai 2002 à Reykjavík, à une réunion ministérielle de l'Alliance atlantique. Il salue l'annonce d'un accord de réduction des arsenaux nucléaires stratégiques entre la Russie et les États-Unis et estime que la stabilité stratégique implique le renforcement des instruments multilatéraux de prévention de la prolifération des armes de destruction massive. Dominique de Villepin soutient l'élargissement de l'OTAN.

Le 15 mai 2002, Dominique de Villepin se rend à Berlin et réaffirme la force d'impulsion de la France et de l'Allemagne. Le 27 mai 2002, Jacques Chirac et le chancelier allemand Gerhard Schröder appellent à Paris à un nouveau pacte

---

[1] Dominique de Villepin, *La Cité des hommes*, Plon, 2009, p.199.

[2] Bruno Le Maire, *Le Ministre*, Grasset, 2004, p.18.

fondateur franco-allemand pour assumer les responsabilités dans l'Europe de demain.

Le 11 juin 2002, Dominique de Villepin reçoit Javier Solana, le Haut Représentant de l'Union européenne pour la politique étrangère et de sécurité commune (PESC). Le Conseil européen, du 22 juin 2002 à Séville, adopte un plan d'action contre l'immigration clandestine.

Dominique de Villepin offre un dîner le 1er juillet 2002 à Paris en l'honneur du Premier ministre russe Mikhaïl Kassianov, commémorant le 60e anniversaire de la fondation de l'escadrille Normandie-Niémen.

La ministre déléguée aux Affaires européennes, Noëlle Lenoir, effectue, le 4 juillet 2002, en Allemagne, son premier déplacement officiel à l'étranger.

Dominique de Villepin effectue une visite officielle en Russie le 8 juillet 2002 : il s'entretient avec le président Vladimir Poutine, le ministre de la Défense russe, le secrétaire du Conseil de sécurité et le chef de la diplomatie russe ; il exprime le souci d'avoir des relations plus étroites, plus confiantes et plus globales avec la Russie car l'Europe a besoin d'une Russie forte. Un accord de coopération sur les questions de sécurité est signé, permettant tous les six mois aux ministres des Affaires étrangères et de la Défense de se rencontrer.

Le 12 juillet 2002, le Conseil de sécurité de l'ONU vote la résolution 1423 qui proroge le mandat de la SFOR, force de maintien de la paix, en Bosnie-Herzégovine. La résolution annonce l'envoi d'une mission européenne de police dans le pays en 2003.

Les 15 et 16 juillet 2002, se rendent en France, le chef de l'opposition en Allemagne, Edmund Stoiber, et le ministre allemand des Affaires étrangères Joschka Fischer.

Le président français Jacques Chirac se rend en Russie le 20 juillet 2002 et défend la participation de la Russie à l'équilibre en Europe. Les deux pays créent un Conseil de coopération franco-russe pour les questions de sécurité.

Lors du Conseil Affaires générales Relations extérieures le 22 juillet 2002 à Bruxelles, ont été évoqués : les discussions avec les États-Unis sur le contentieux relatif à l'acier, l'élargissement des sanctions contre les autorités du Zimbabwe, l'attachement à la Conférence internationale au Proche-Orient, le relais de l'OTAN par l'Union européenne en Macédoine et le rôle des États-Unis dans la recherche d'une solution sur l'îlot Persil entre l'Espagne et le Maroc.

Dominique de Villepin est auditionné le 23 juillet 2002 par la Commission des Affaires étrangères de l'Assemblée nationale sur les relations franco-allemandes. La relation franco-allemande doit trouver un nouveau souffle, elle est marquée par la routine et l'usure. Le 40e anniversaire du Traité de l'Élysée permettra de relancer le partenariat et d'adopter de nouvelles initiatives ainsi que de définir le « modèle économique et social » européen.

Le 23 juillet 2002, la Communauté européenne du charbon et de l'acier (CECA) fusionne avec les institutions communautaires de l'Union européenne, après 50 années d'existence.

Le 30 juillet 2002, se tiennent à Schwerin (Allemagne), les 79es consultations franco-allemandes. Les deux pays créent des groupes de travail sur l'élargissement, la Convention sur l'avenir de l'Europe, et la politique étrangère et de sécurité commune (PESC).

Le ministre macédonien des Affaires étrangères Slobodan Casule effectue une visite en France le 1er août 2002. Dominique de Villepin évoque le rôle de stabilisation et de développement de l'Union européenne qui pourrait prendre le relais de l'OTAN. En janvier 2002, la France avait 2500 soldats en Bosnie (dans le cadre de la SFOR), 5400 soldats au Kosovo (dans le cadre de la KFOR) et 550 soldats en Macédoine.[1]

Le ministre néerlandais des Affaires étrangères Jaap De Hoop Scheffer effectue une visite en France le 28 août 2002. Les deux pays réactivent le Conseil de coopération créé il y a quelques mois.

Une réunion informelle des ministres des Affaires étrangères de l'Union européenne (Gymnich) est organisée à Elseneur (Danemark) les 30 et 31 août 2002.

Les 6 et 7 septembre 2002, Dominique de Villepin effectue une visite officielle en Bosnie-Herzégovine. Il souligne l'amitié profonde entre les deux pays, l'engagement de la France est en faveur des valeurs qui fondent sa civilisation : refus des haines ethniques et religieuses, respect de l'autre, primauté du droit sur la force. La feuille de route commune est l'européanisation des Balkans, la reconstruction économique et l'engagement résolu du peuple bosnien en faveur de la réconciliation, le combat contre les mafias et les trafics et le TPIY. La France est le 2e contributeur de la SFOR et l'Union européenne assumera en janvier 2003 la relève de l'ONU pour la police civile.

Dominique de Villepin visite le Kosovo le 7 septembre 2002, il soutient l'action de la MINUK et de la KFOR et soutient le développement économique et la réconciliation. La démocratie et la liberté sont des combats permanents.

Le 11 septembre 2002, Le Monde publie une tribune de Noëlle Lenoir, ministre déléguée aux Affaires européennes, sur « l'Europe-puissance ».

Dans une interview à un quotidien bosnien le 19 septembre 2002 à Sarajevo, Dominique de Villepin fait passer trois messages : l'engagement de la France aux Balkans ; la vocation européenne des Balkans occidentaux (Sommet de Zagreb en

[1] L'Express, 03 janvier 2002.

novembre 2000) et la mise en œuvre des réformes nécessaires (État de droit, lutte contre le crime organisé, contre les mafias et l'immigration illégale). L'objectif de la France est de conclure un Accord de stabilisation et d'association avec la Bosnie-Herzégovine. La France est déterminée à ce que l'ensemble des criminels de guerre est traduit devant le TPIY.

À Varsovie le 10 octobre 2002, Dominique de Villepin et son homologue polonais Wlodzimierz Cimoszwicz participent à un débat sur l'Europe. Pour Dominique de Villepin, l'élargissement est une obligation pour l'Europe et le chemin est clair : Sommet de Bruxelles, Sommet de Copenhague, signature des traités, ratification début 2003 et adhésion effective en 2004. Il ne faut pas lier élargissement et réforme de la politique agricole commune.

Dominique de Villepin se rend en visite en Hongrie le 11 octobre 2002 et y défend la vision d'une fédération d'États-Nations pour une Europe plus démocratique, plus transparente et plus efficace.

Le 17 octobre 2002, Dominique de Villepin prend part au 19e Séminaire franco-espagnol à Madrid, préparatoire au Sommet franco-espagnol. Les relations sont excellentes et couvrent le terrorisme, la police, la justice et les transports.

À la réunion du Conseil Affaires générales et Relations extérieures à Luxembourg le 22 octobre 2002, un vaste accord est trouvé : dix pays sont en mesure de conclure les négociations d'adhésion à Copenhague et d'adhérer en 2004, adhésion en 2007 pour la Roumanie et la Bulgarie, message clair d'encouragement à la Turquie et souhait d'un règlement politique pour Chypre.

À l'issue d'une rencontre franco-allemande, le 24 octobre 2002 et avant le Conseil européen de Bruxelles, Dominique de Villepin annonce que la position commune de l'Europe sur les aides directes agricoles comprendra un versement progressif aux nouveaux membres à partir de l'adhésion et jusqu'en 2013.

À compter de 2007, la France et l'Allemagne sont d'accord pour stabiliser les dépenses agricoles au niveau atteint en 2006. La Politique agricole commune reste inchangée jusqu'en 2006.

Dominique de Villepin se remémore un dîner au Palais de l'Élysée à l'automne 2002. Tout paraissait bloqué. Soudain, le Président Chirac déclara au Chancelier Schröder : *« La France a fait un choix il y a bien longtemps, le choix de l'Europe, et ce choix nous l'avons fait ensemble. Nous ne pouvons pas nous satisfaire, ni l'un ni l'autre, de négociations ou de compromis à l'arraché. Un bon accord pour nos deux pays, c'est celui où chacun d'entre nous fait la moitié du chemin au service de l'Europe ».*[1]

Le 7 novembre 2002, dans un entretien au Monde, Valéry Giscard d'Estaing se déclare hostile à l'entrée de la Turquie dans l'Union européenne, contredisant les positions européennes prises en 1999. Ses paroles relancent une vive polémique. Le 27 novembre 2002, le Premier ministre turc, Recep Tayib Erdogan, visite la France : Jacques Chirac l'encourage à poursuivre les réformes.

Dominique de Villepin prend part, le 12 novembre 2002, au débat sur l'Europe organisé au Sénat. L'agenda européen comprend : l'élargissement, la réforme des institutions, les négociations commerciales (cycle de Doha) et le cadre financier 2007-2013. Dominique de Villepin plaide pour plus de transparence, de démocratie et d'efficacité et pour une politique cohérente de partenariat avec les voisins de l'Europe élargie. Il annonce que la candidature turque sera évaluée à l'aune des valeurs communes (respect des droits de l'homme, de la démocratie et de l'État de droit).

La 1re réunion du Conseil de coopération franco-russe sur les questions de sécurité se tient à Paris le 15 novembre 2002.

---

[1] Dominique de Villepin, *Le requin et la mouette*, Plon Albin Michel, 2004, p. 245.

Au cours d'un débat à l'Assemblée nationale le 3 décembre 2002 sur l'avenir de l'Union européenne à la veille de l'élargissement, Dominique de Villepin appelle à refonder le projet européen, l'Europe doit d'abord être celle des citoyens. Les défis sont ceux du nombre, de la diversité et des frontières de l'Union. Les réformes institutionnelles doivent se baser sur la clarté (Constitution européenne), la démocratie (implication des parlements nationaux) et l'efficacité (élire un président du Conseil européen et désigner un chef de la diplomatie européenne) et tendre vers une fédération d'États-Nations. Pour le marché intérieur et ses politiques d'accompagnement, la méthode communautaire est gage de vitesse et d'efficacité ; pour la diplomatie, la défense et la coopération policière et pénale, c'est l'intergouvernemental.

Dominique de Villepin prononce le 2 décembre 2002 à Marseille un discours sur l'Europe qui est un devoir et une fierté. Le projet européen est à refonder et il faut répondre à une triple exigence : la clarté, la légitimité et l'efficacité. Proposant diverses pistes pour relancer et renforcer la construction européenne, Dominique de Villepin déclare que l'Europe doit être le creuset d'une mondialisation maîtrisée.

À la session plénière de la Convention sur l'avenir de l'Europe, les 5 et 6 décembre 2002 à Bruxelles, Dominique de Villepin appelle à plus de simplicité, de clarté et de lisibilité pour définir clairement les responsabilités et pour que les citoyens puissent se réapproprier le projet européen. Dominique de Villepin appelle à réduire le nombre d'instruments et à généraliser le vote à la majorité qualifiée ; la codécision doit devenir la règle générale du vote des normes législatives mais des exceptions doivent être maintenues (notamment la Politique agricole commune). Dominique de Villepin souhaite une meilleure définition des compétences entre législation et exécution : la Commission doit être responsable devant le Conseil, le Conseil doit pouvoir prononcer sur proposition de la Commission la dissolution du Parlement. Au Conseil la responsabilité de fixer les orientations stratégiques ; au Conseil des ministres celle d'adopter les décisions générales sur cette base ; à la Commission celle d'imaginer, de proposer et de mettre en œuvre, au Parlement celle de contrôler, de légiférer et de voter le budget et peut-être l'impôt communautaire.

La France a proposé la mise en place d'un véritable ministre des Affaires étrangères de l'Union, placé auprès du Président du Conseil et regroupant les fonctions de haut représentant et de commissaire pour les relations extérieures. La France et l'Allemagne ont proposé que les partenaires qui le souhaitent puissent nouer entre eux des coopérations plus étroites en matière de défense.

Dans une interview le 9 décembre 2002, Dominique de Villepin déclare que la Turquie a toute sa place en Europe et qu'il y a une voie possible entre l'islam, la démocratie et la modernité.

À l'Assemblée nationale, le 11 décembre 2002, Dominique de Villepin déclare que l'élargissement s'inscrit dans un processus raisonné et responsable (règles et disciplines strictes, périodes transitoires, clauses de sauvegarde).

Le 13 décembre 2002, au Sommet de Copenhague, l'admission dans l'UE de dix nouveaux États membres est officialisée. L'Allemagne et la France font trois contributions communes sur l'avenir de l'Europe : la politique commune de sécurité, justice et affaires intérieures, et la gouvernance économique. Jacques Chirac a déclaré : *« l'axe Berlin-Paris a toujours été le moteur sans lequel l'Europe n'avance pas. Si la France et l'Allemagne ne s'entendent pas, l'Europe s'arrête ».*

Lors de la session plénière de la Convention européenne Action extérieure de l'Union et de la défense, le 20 décembre 2002 à Bruxelles, Dominique de Villepin estime que le Haut Représentant doit devenir un véritable chef de la diplomatie européenne, placé auprès du Président du Conseil européen. La politique étrangère de l'Union doit s'appuyer sur des moyens concrets et il faut prévoir une clause de solidarité et de sécurité commune.

Dominique de Villepin effectue une visite officielle en Russie le 8 janvier 2003.

Lors de la clôture des Assises de la Convention des étudiants européens le 18 janvier 2003 à l'Institut d'études politiques de Paris, Dominique de Villepin défend l'idée d'une fédération d'États-nations car l'Europe doit marcher sur deux pieds : les nations et une fédération. Il défend le renforcement de la Commission (élue par le Parlement européen) et du Conseil (président permanent).

À la session plénière de la Convention européenne, le 21 janvier 2003 à Bruxelles, Dominique de Villepin présente la proposition commune franco-allemande de respect de l'équilibre institutionnel.

Les 22 et 23 janvier 2003, l'Allemagne et la France célèbrent à Berlin et à Paris le 40e anniversaire du Traité de l'Élysée. Les deux pays créent un poste de secrétaire général pour la coopération franco-allemande.

Le 4 février 2003, le 25e Sommet franco-britannique se déroule au Touquet (France). Le 5 février 2003, une lettre commune de la France, de l'Allemagne, et de la Grande-Bretagne, au Conseil européen, concerne la compétitivité des entreprises. Le 7 février 2003, la France, l'Espagne, et le Portugal, publient une lettre commune sur la sécurité maritime en Europe.

Dans un communiqué, en date du 10 février 2003, les ministres français des Affaires étrangères, de la Culture et du Commerce extérieur défendent le fait que les accords dans le domaine du commerce des services culturels et audiovisuels, des services d'éducation ainsi que les services sociaux et de santé humaine soient décidés à l'unanimité des États membres de l'Union européenne et non à la majorité qualifiée.

Le président de la Russie Vladimir Poutine effectue une visite d'État en France le 10 février 2003. La France plaide pour l'établissement d'un partenariat stratégique ambitieux entre Moscou et l'Union européenne.

À Bruxelles, à l'occasion d'une réunion informelle extraordinaire du Conseil européen le 17 février 2003, s'agissant des lettres publiées par des pays candidats à l'UE et favorables à Washington, Jacques Chirac déclare *« qu'ils se sont comportés avec une certaine légèreté. En tous les cas, ce n'est pas très bien élevé. Donc, je crois qu'ils ont manqué une bonne occasion de se taire »*. Ces propos provoquent une crise entre la France et les pays d'Europe de l'Est.

Le 24 février 2003, à Athènes, sont signés les traités d'adhésion des nouveaux membres de l'Union européenne : Pologne, Tchéquie, Slovaquie, Slovénie, Estonie, Lettonie, Lituanie, Hongrie, Malte, et Chypre.

En recevant son homologue italien, Franco Frattini, le 26 février 2003 à Paris, Dominique de Villepin annonce l'installation prochaine du Forum franco-italien sur la société civile, créé en novembre 2002 à Rome.

Lors d'une session plénière de la Convention européenne à Bruxelles le 27 février 2003, Dominique de Villepin déclare que l'article 1 doit conserver la référence emblématique à une union sans cesse plus étroite entre les peuples de l'Europe et propose d'introduire la notion de Fédération d'États-nations. L'article 3 doit être complété par la mention d'objectifs sociaux. Il propose de renforcer la mention du développement et l'intégration des exigences environnementales parmi les principes sur lesquels l'Union est fondée. Il est important de mentionner qu'un des buts de l'Union est de préserver l'acquis de la construction européenne.

Au cours de la visite du ministre des Affaires étrangères de Serbie-Monténégro, Goran Svilanovic, le 26 mars 2003, Dominique de Villepin déclare que la France est avec le peuple serbe, pour la poursuite des réformes, le jugement des criminels et le rapprochement européen. L'avenir des Balkans est le nôtre.

Le 1er avril 2003, l'EUFOR (force européenne) prend le relais de l'OSCE et de l'OTAN pour assurer la sécurité en Macédoine dans le cadre de l'opération « Concordia ». La mission de l'EUFOR consiste en la mise en œuvre des accords de paix d'Ohrid d'août 2001 entre le gouvernement macédonien et la minorité albanaise.

Dominique de Villepin est reçu par le pape Jean-Paul II le 4 avril 2003 à Rome. Il appelle à éviter le choc des cultures, le choc des religions, le choc des civilisations. Il y a une exigence pour la diplomatie française qui est de tout faire pour éviter ces ruptures. Le pape regarde le ministre français et lance : « Vive la France ! », pour l'engagement contre la guerre en Irak.

Dominique de Villepin effectue une visite officielle en République tchèque le 28 avril 2003.

Le 29 avril 2003 à Bruxelles une réunion quadripartite sur la défense européenne, regroupant France, Allemagne, Belgique et Luxembourg, se tient. Les quatre pays proposent de réfléchir à la création d'un noyau de capacité de planification opérationnelle et de conduite d'opérations de niveau stratégique, appuyé sur les états-majors nationaux des pays membres. Il ne s'agit aucunement de découpler les efforts de défense entre l'Union européenne et l'OTAN.

Le 5e Sommet du Triangle de Weimar (Allemagne, France, Pologne), se tient le 9 mai 2003 à Wroclaw, en Pologne.

Le 13 mai 2003, à Paris, Dominique de Villepin et son homologue néerlandais inaugurent le Conseil de coopération franco-néerlandais, destiné à renforcer les relations entre les deux pays, notamment entre les sociétés civiles et rappellent leurs contributions communes : rôle de la Commission européenne (avril 2003), initiative à l'OSCE sur les risques liés aux stocks de munitions, colloque Islam et Afrique à Bordeaux début 2004, initiative sur la politique européenne de défense et les capacités militaires.

Au cours d'une session plénière de la Convention européenne, les 15 et 16 mai 2003 à Bruxelles, Dominique de Villepin déclare que les objectifs et principes de l'action extérieure de l'Union européenne ne doivent pas être en deçà des traités actuels et appelle à élargir les missions de la politique de sécurité et de défense commune à la lutte contre le terrorisme.

Le 16 mai 2003, la France et la Suède créent un groupe de travail sur les biens publics mondiaux.

Dominique de Villepin signe au nom de la France le 21 mai 2003 à Stockholm l'accord MNEPR, programme multilatéral environnemental dans le domaine nucléaire en Russie.

Le 3 juin 2003 a lieu à Madrid la réunion ministérielle du Conseil de l'Atlantique Nord. L'Alliance demeure la base de la défense collective pour les participants. La France confirme sa solidarité au sein de l'Alliance : 5000 hommes au sein de la KFOR et de la SFOR ; 500 hommes en Afghanistan ; examen d'un soutien de l'OTAN à la Pologne en Irak.

Le 6 juin 2003, le président français Jacques Chirac rappelle les préoccupations de la France : élection du président du Conseil européen à la majorité qualifiée ; élection du président de la Commission par le Parlement européen ; extension du vote à la majorité qualifiée ; et désignation d'un ministre européen des Affaires étrangères.

Lors de la session plénière de la Convention européenne le 13 juin 2003 à Bruxelles, Dominique de Villepin déclare que le texte proposé doit constituer la base de travail de la prochaine conférence intergouvernementale. La France attache de l'importance au commerce des services culturels et audiovisuels, aux services d'intérêt général et aux questions sociales et l'agriculture.

Les 19 et 20 juin 2003, Dominique de Villepin publie la tribune « L'ambition européenne des Balkans » dans le

Financial Times et d'autres quotidiens européens. Pour lui, le choix européen suppose l'adhésion aux valeurs qui fondent le pacte européen : la démocratie, la tolérance, le respect de l'autre, le refus absolu des haines ethniques et religieuses et de tout recours à la violence. Les pays balkaniques doivent affirmer l'état de droit, juger les criminels de guerre, lutter contre les réseaux mafieux et la criminalité organisée. L'Europe est un partenaire politique et militaire privilégié des Balkans et a adopté les accords d'association et de stabilisation et de puissants instruments financiers.

Au Conseil européen de Thessalonique (20 juin 2003), la Convention présidée par Valéry Giscard d'Estaing présente les résultats de son rapport aux chefs d'État et de gouvernement de l'Union européenne. Pour le président Chirac, ce texte servira de base à la Conférence intergouvernementale et il rappelle les préoccupations de la France : respect de la diversité culturelle, services d'intérêt général, questions sociales, agriculture. S'agissant de l'immigration et de l'asile, la France souhaite progresser dans trois directions : lutte contre l'immigration clandestine, meilleure intégration des étrangers réguliers et partenariat avec les pays tiers. La candidature de Jean-Claude Trichet comme président de la Banque centrale européenne a été confirmée.

Un sommet Union européenne/Balkans se tient le 21 juin 2003 à Thessalonique, en Grèce.

Dans une réponse à une question parlementaire à l'Assemblée nationale, le 25 juin 2003, Dominique de Villepin déclare qu'il faut que l'Union européenne affirme une ambition commune à la mesure de l'Europe élargie : consolider le grand marché intérieur, renforcer les politiques communes, ouvrir de nouveaux champs en matière de recherche, d'éducation ou de culture, avoir une vraie politique étrangère et de défense.

En juillet 2003, le projet de Constitution européenne est transmis aux États membres. L'Allemagne considérait qu'elle devait peser plus que la France, quelles que soient les règles de la pondération.[1]

Au Gymnich de Riva del Garda (Italie), le 6 septembre 2003, les ministres des Affaires étrangères de l'Union européenne discutent de stratégie européenne de sécurité, de l'esprit et la méthode de la Conférence intergouvernementale et inscrivent le Hamas palestinien sur la liste des organisations terroristes.

Lors du Conseil Affaires générales Relations extérieures de l'Union européenne, le 29 septembre 2003 à Bruxelles, Dominique de Villepin annonce l'établissement d'une mission de police européenne en Macédoine (opération Proxima) et déclare que la France regrette l'échec de la réunion ministérielle de l'OMC à Cancún, tout en appelant à nouer des passerelles avec le G22.

Les 29 et 30 septembre 2003, Dominique de Villepin effectue une visite officielle en Autriche. Il intervient devant l'Assemblée nationale autrichienne : il souligne la convergence des priorités (justice et solidarité en faveur des peuples, dialogue et respect de l'autre, défense du droit et de la morale). Il déclare que lorsque la France évoque un monde multipolaire, elle ne fait rien d'autre que constater une situation de fait. Concernant l'Europe, il n'y a pas de place au sein de l'Union, pour l'opposition entre grands et petits pays car chacun, en vertu de son expérience et de son identité propre, a vocation à faire avancer l'Europe.

Dans une interview à l'ORF autrichienne, le 30 septembre 2003, Dominique de Villepin considère que le but est d'avoir une Constitution qui permette à l'Europe d'être plus lisible, plus transparente et plus démocratique.

---

[1]Claude Martin, *La diplomatie n'est pas un dîner de gala : mémoires d'un Ambassadeur*, éditions de l'Aube, 2018, ebook.

Le 4 octobre 2003 s'est ouverte à Rome la Conférence intergouvernementale sur le projet de Constitution européenne ; les principales innovations sont : le remplacement de la présidence tournante de l'Union par un président élu par le Conseil, la création d'un poste de ministre européen des Affaires étrangères, la modification de la composition de la Commission et l'élargissement des domaines régis par le vote à la majorité qualifiée.

Dominique de Villepin inaugure le 13 octobre 2003 à Luxembourg l'Institut Pierre Werner et rappelle l'engagement européen de l'homme d'État luxembourgeois Pierre Werner.

Dans une déclaration à la BBC le 19 octobre 2003, Dominique de Villepin évoque la relation franco-britannique singulière faite d'irritation et de fascination mêlées. Il déclare que la démarche unilatérale est utopique et obsolète et appelle à associer le Sud aux décisions de l'avenir du monde. Le Royaume-Uni et la France sont des alliés solides et fidèles de l'Amérique.

Dominique de Villepin se rend en visite officielle en Slovénie du 23 au 25 octobre 2003. À Ljubljana, il souhaite donner une vitalité nouvelle aux relations franco-slovènes et considère qu'une Commission européenne restreinte avec un nombre limité de portefeuilles serait mieux capable de prendre des décisions et d'agir.

Les 27 et 28 octobre 2003, le roi des Belges Albert II effectue une visite d'État en France. Le 6 novembre 2003, se tient à Carcassonne, le 16e Sommet franco-espagnol.

Dans Les Echos, le 7 novembre 2003, Dominique de Villepin publie la tribune « Un nouveau temps pour l'Europe ». L'Union européenne doit inventer de nouvelles règles pour s'organiser, assigner de nouveaux objectifs à ses politiques internes, asseoir son rôle sur la scène internationale comme auprès de ses voisins. L'adoption de la future Constitution est un préalable à tout progrès futur de l'Europe. Pour Dominique de Villepin, l'Europe a une vocation : offrir un exemple de démocratie et de progrès économique et social.

Dans une réponse à une question parlementaire au Sénat sur l'Azerbaïdjan, le 13 novembre 2003, Dominique de Villepin déclare que la France appuie le développement économique de ce pays, elle est membre du Groupe de Minsk de l'OSCE (États-Unis, Russie, France) et réaffirme sa disponibilité à contribuer à une solution politique au Haut-Karabagh.

Lors de l'examen du projet de loi autorisant la ratification du Traité d'Athènes par l'Assemblée nationale, le 25 novembre 2003, Dominique de Villepin déclare que les exigences de la France pour l'élargissement ont été entendues : préservation de l'intégrité de la construction européenne et contenir dans des limites supportables le coût de cet élargissement.

Dominique de Villepin adresse, le 26 novembre 2003, un message de soutien à la transition démocratique en Géorgie à la présidente par intérim de ce pays du Caucase.

Lors de la réunion en conclave à Naples les 28 et 29 novembre 2003 des ministres des Affaires étrangères de l'Europe élargie dans le cadre de la Conférence intergouvernementale, Dominique de Villepin déclare que la France n'acceptera pas une Constitution au rabais et qu'elle est attachée à la double majorité. Il évoque le statut du ministre des Affaires étrangères, la présidence du Conseil, la composition de la Commission, les coopérations structurées et la clause de défense mutuelle.

Dominique de Villepin prend part le 4 décembre 2003 à une réunion ministérielle du Conseil de l'Atlantique Nord, où sont évoqués les engagements en Afghanistan (l'OTAN a pris le commandement de la FIAS à Kaboul en août 2003), aux Balkans (la France a plus de 4000 hommes au Kosovo et en Bosnie) et la Force de réaction de l'OTAN.

Lors de l'examen au Sénat le 10 décembre 2003 du projet de loi de ratification du Traité d'Athènes portant élargissement de l'Union européenne, Dominique de Villepin déclare que l'Europe c'est un changement d'échelle pour la France à l'heure de la mondialisation.

L'Union européenne approuve l'Initiative de croissance au Conseil européen de Bruxelles (12 décembre 2003). Parmi les sujets abordés par ce Conseil : les processus d'adhésion de la Roumanie, de la Bulgarie et de la Turquie ; la Stratégie européenne de sécurité ; l'Irak ; Feuille de route du Proche-Orient. Trois sujets font débat : règles de vote au sein du Conseil, champ d'application de la majorité qualifiée, nature de la Commission. Les travaux n'aboutissent pas, le 13 décembre 2003, à l'ambition de la France lors de la Conférence intergouvernementale.

Dans une lettre à son homologue géorgien, le 15 décembre 2003, Dominique de Villepin réaffirme l'attachement de la France à la stabilité et l'intégrité territoriale de la Géorgie.

Dominique de Villepin publie une tribune au Monde le 19 décembre 2003 sous le titre « Les leçons de Bruxelles », après l'échec du Sommet de Bruxelles. Il appelle les Européens à se remettre au travail pour parvenir à un accord sur la Constitution européenne.

Dominique de Villepin participe le 5 janvier 2004 à la Conférence des Ambassadeurs portugais, en marge de sa visite officielle au Portugal (Lisbonne).

Dominique de Villepin effectue une visite officielle en Russie le 23 janvier 2004. Il prononce un discours devant l'Université d'État de Moscou pour les relations internationales : la Russie a vocation à être un pilier majeur du nouvel ordre international.

Dans son intervention à l'Assemblée nationale le 29 janvier 2004 sur le projet de loi relatif à la ratification des protocoles sur l'élargissement de l'OTAN, Dominique de Villepin souligne qu'il s'agit du retour dans le cercle des États libres de l'Estonie, de la Lettonie, de la Lituanie, de la Bulgarie, de la Roumanie, de la Slovaquie et de la Slovénie. Les portes restent ouvertes à tous les pays démocratiques du continent et les Alliés ont pris des engagements de retenue vis-à-vis de Moscou : non-déploiement d'armes et de dépôts nucléaires et limitation des stationnements des forces de l'Alliance. Les efforts pour la transformation de l'OTAN n'empêchent pas la mise en place d'une politique européenne ambitieuse en matière de défense.

Le Président français Jacques Chirac effectue une visite officielle en Hongrie les 23 et 24 février 2004. Il y défend l'idée de « groupes pionniers » dans le cadre de l'Union européenne.

La 3e session du Conseil de coopération franco-russe sur les questions de sécurité se tient le 5 mars 2004 à Paris. Pour Dominique de Villepin, dans la période marquée par les crises régionales, le terrorisme et la prolifération, les échanges sont nécessaires et il propose la création d'un mécanisme institutionnel permanent entre le Comité politique et de sécurité de l'Union européenne et la Russie ainsi que l'adoption d'un concept conjoint Russie-Europe en matière de gestion des crises. Pour la France, le Traité FCE (forces conventionnelles en Europe) est un pilier essentiel de l'architecture européenne de sécurité, et ce alors que la Russie est réticente face à l'élargissement de l'OTAN.

À l'occasion de sa nomination au titre de Docteur honoris causa de l'Université de Liège, le 8 mars 2004, Dominique de Villepin fait une intervention sur « De la mémoire à l'action ». Il déclare que le partage de la mémoire est indispensable à la cohésion des sociétés et que l'Europe ne défend pas une vision irénique du monde, car la puissance doit se conjuguer avec la sagesse. La seule prise en compte des intérêts nationaux ne suffit plus, il faut désormais agir dans le souci de l'intérêt général et au service de l'Homme. Dans un monde marqué par les défis de la justice, de la diversité culturelle et de la démocratie mondiale, Dominique de Villepin plaide pour la création d'un Conseil ministériel de paix et invite à la mise en place d'un corps permanent d'inspecteurs du désarmement et des droits de l'homme.

Dominique de Villepin effectue les 10 et 11 mars 2004 une visite officielle aux Pays-Bas. Il ouvre le 11 mars 2004 la Semaine du livre d'Amsterdam et rappelle que la tradition d'ouverture et de tolérance incarnée par les Pays-Bas est étroitement liée au développement précoce d'un véritable marché pour la production intellectuelle et artistique.

Suite aux attentats meurtriers de Madrid le 11 mars 2004, les Européens désignent le 26 mars 2004, au Conseil européen de Bruxelles, le Néerlandais Gijs De Vries comme coordonnateur de la lutte anti-terroriste de l'Union européenne.

Le 16 mars 2004, Dominique de Villepin inaugure la saison culturelle polonaise « Nova Polska » en France.

Sur le Kosovo, Dominique de Villepin souhaite une véritable stratégie de réconciliation (18 mars 2004). Un renfort de 450 soldats français est déployé au Kosovo après des heurts entre Serbes et Albanais.

Le 30 mars 2004, sept pays européens adhèrent à l'OTAN : la Roumanie, la Bulgarie, l'Albanie, l'Estonie, la Lettonie, la Lituanie, et la Slovénie.

Le choix européen de la France est un choix des élites.[1]Le triomphe du libéralisme économique et de la mondialisation est vécu en France comme une invasion économique et culturelle rampante, d'où une hausse de l'euroscepticisme qui culminera en 2005 avec le rejet de la Constitution européenne par le peuple français.

[1]Maurice Vaïsse, *La puissance ou l'influence ? La France dans le monde depuis 1958*, Fayard, ebook, 2009.

L'Afrique du Nord et le Moyen-Orient

En raison des positions françaises sur le conflit israélo-arabe, Israël accuse la France de partialité et d'antisémitisme en refusant de classer le Hezbollah et le Hamas comme organisations terroristes.[1]

Lors de la 9e réunion ministérielle ordinaire du Forum méditerranéen tenue à Mykonos (Grèce), les 20 et 21 mai 2002, Dominique de Villepin fait une déclaration sur le dialogue des cultures et des civilisations : il dénonce la tentation du repli qui est une impasse, appelle à combattre l'obscurantisme, dénonce l'amalgame scandaleux entre l'Islam et le terrorisme. La mondialisation sera acceptée par tous quand elle renoncera à la chimère d'une identité commune pour le respect de l'identité de chacun. Dominique de Villepin déclare que la Méditerranée est « notre mère commune » et affirme que nous avons besoin de passeurs de culture.

Dominique de Villepin reçoit, le 3 juin 2002 à Paris, le secrétaire général de la Ligue arabe, Amr Moussa. Il appelle à une solution politique au Proche-Orient et au dialogue des cultures.

Dominique de Villepin reçoit à Paris le 18 juin 2002 le chef d'état-major des armées des Émirats arabes unis, cheikh Mohamed Ben Zayed Al-Nahyan.

Suite aux attentats terroristes à Jérusalem, les 18 et 19 juin 2002, Dominique de Villepin exprime son horreur et sa révolte, la vive sympathie de la France. Pour lui, le peuple palestinien ne doit pas être l'otage des terroristes et la violence ne peut constituer une solution. Elle ne fait que rendre plus urgente la reprise du dialogue politique.

Dominique de Villepin se rend en Égypte les 23 et 24 juin 2002. Il est reçu par Hosni Moubarak. Il déclare que la France,

---

[1]Maurice Vaïsse, *La puissance ou l'influence ? La France dans le monde depuis 1958*, Fayard, ebook, 2009.

par son histoire, ses liens très anciens avec la région, l'idée qu'elle se fait de son rôle dans le monde, se doit de reprendre le dialogue et nourrir l'espoir d'un retour à la paix. L'Égypte est une puissance-clé.

Le 24 juin 2002, à Tel-Aviv, Dominique de Villepin exprime la volonté d'approfondir les relations de confiance et d'amitié car rien de ce qui touche à Israël n'est indifférent à la France. L'occupation des villes palestiniennes et l'encerclement du siège de l'Autorité palestinienne vont à l'encontre des efforts de paix, selon le chef de la diplomatie française.

Le 25 juin 2002, Dominique de Villepin est à Jérusalem après un entretien avec Yasser Arafat à la Mouqata (Ramallah). Il propose la tenue d'une conférence internationale et d'un calendrier pour relancer le processus de paix ; pour lui, Yasser Arafat est le représentant élu palestinien ; il est déterminé à se réformer et à tenir des élections. La mise en œuvre des réformes et la tenue des élections doivent aller de pair avec la relance du processus politique.

Dominique de Villepin est à Djeddah le 26 juin 2002 : il considère l'Arabie saoudite comme un interlocuteur majeur pour la France et appelle à renforcer le partenariat stratégique. Il déclare qu'il n'y aura pas de paix, ni de sécurité dans la région sans prendre en compte l'aspiration légitime du peuple palestinien à vivre libre dans un État viable, souverain, indépendant et pacifique. Les objectifs pour la Palestine doivent être le rejet du terrorisme, le soutien aux réformes et la tenue d'élections.

Le Premier ministre du Liban, Rafik Hariri, effectue une visite de travail en France, le 1er juillet 2002, pour préparer la Conférence de soutien au programme de réformes économiques au Liban.

Dominique de Villepin inaugure le 5 juillet 2002 la nouvelle Chancellerie diplomatique française à Beyrouth (Liban). Reçu par le Président Émile Lahoud, par Rafic Hariri et par Nabih

Berry, Dominique de Villepin évoque l'accord d'association signé récemment avec l'Union européenne et la désignation de M. Camdessus pour préparer la réunion des amis du Liban. Concernant le conflit du Proche-Orient, les éléments à prendre en compte pour un règlement durable sont : la lutte contre le terrorisme, l'arrêt de la colonisation, la fin de l'occupation et la création d'un État palestinien.

Dominique de Villepin se rend à Damas (Syrie) le 6 juillet 2002. Il déclare que la paix doit être globale, juste et durable, incluant les volets syriens et libanais. La France réitère sa proposition de conférence internationale qui doit se baser sur les résolutions de l'ONU, les accords de Madrid et la « terre contre la paix ». Jugeant la Syrie incontournable au Proche-Orient, Dominique de Villepin appuie les réformes dans le pays et appelle à une stricte retenue au Sud-Liban.

Le 7 juillet 2002, Dominique de Villepin est reçu par le roi de Jordanie à Amman. Il rappelle la condamnation unanime du terrorisme, la réforme de l'Autorité palestinienne et la tenue d'élections en Palestine.

C'est Colin Powell, le Secrétaire d'État américain, qui apaise la crise hispano-marocaine autour de l'îlot de Persil occupé militairement par le Maroc le 10 juillet 2002. La France accorde la priorité à sa relation avec le Maroc sur la solidarité européenne.[1]

Recevant le ministre algérien des Affaires étrangères Abdelaziz Belkhadem le 25 juillet 2002 à Paris, Dominique de Villepin déclare que la France est aux côtés de l'Algérie dans ses efforts de réforme.

Le 28 juillet 2002, la « Une » du « New York Times » révèle la planification militaire en cours à Washington pour une guerre en Irak.

---

[1] Christian Lequesne, Maurice Vaïsse (sous la direction), *La politique étrangère de Jacques Chirac*, Riveneuve éditions, 2013, p.211.

Le ministre israélien des Affaires étrangères Shimon Péres se rend à Paris le 29 juillet 2002. La France plaide pour la nécessité d'une conférence internationale et il appartient aux Palestiniens de déterminer leur dirigeant.

En ordonnateurs de l'agenda politique internationale, les États-Unis désignent à partir de 2002 l'Irak de Saddam Hussein comme la prochaine cible de leur riposte au traumatisme des attentats islamistes du 11 septembre 2001. L'Irak est depuis la Guerre du Golfe de 1991 (intervention militaire des États-Unis et de leurs alliés contre l'Irak pour libérer le Koweït) soumis à un régime de sanctions internationales (désarmement, programme Pétrole contre nourriture, zones d'exclusion aérienne). La volonté des néoconservateurs américains de l'Administration républicaine de George W. Bush est de faire tomber le régime de Bagdad pour remodeler le Moyen-Orient et en faire une zone de démocratie et de paix.

Dès l'été 2002, les directeurs du Quai d'Orsay concernés par le dossier irakien partageaient l'analyse selon laquelle la décision américaine d'envahir l'Irak était prise. Le 27 août 2002, Dominique de Villepin tient une réunion sur l'Irak, en présence des principaux responsables du Quai d'Orsay et de la DGSE.[1] À partir de l'automne 2002, tout prouvait que Jacques Chirac était déterminé à s'opposer à la politique américaine.[2]

Pour vaincre les réticences internationales, l'Administration Bush veut convaincre la communauté des Nations que Saddam Hussein possède encore un arsenal d'armes non conventionnelles, chimiques et bactériologiques et qu'il est toujours prêt à en faire usage et à soutenir le terrorisme international. Se débarrasser de Saddam Hussein permettrait d'instaurer la démocratie et la liberté en Irak, ce qui en fera un cycle vertueux pour tout le Proche-Orient et le Moyen-Orient.

---

[1]Frédéric Bozo, *Histoire secrète de la crise irakienne la France, les Etats-Unis et l'Irak 1991-2003*, Perrin, 2013, ebook.
[2] Gérard Araud, *Passeport diplomatique : trente-sept ans au Quai d'Orsay*, Grasset, 2019, ebook.

Dans une longue interview accordée au « New York Times » le 9 septembre 2002, Jacques Chirac se prononce contre la guerre préventive, affirme qu'aucune preuve de l'existence d'ADM en Irak n'existe, s'oppose à un changement de régime en Irak et met en garde les États-Unis contre le danger d'exacerber le rejet de l'Occident dans les pays pauvres et émergents. Il appelle à une coalition contre la pauvreté et pour l'environnement.[1] Jacques Chirac présente l'approche en « deux temps », le Conseil de sécurité doit, au moyen d'une première résolution, exiger le retour inconditionnel des inspecteurs ; en cas de non-coopération de l'Irak, il lui appartiendra de décider, aux termes d'une seconde résolution, des mesures à prendre, et ce sans qu'aucune option ne soit exclue a priori, y compris militaire.[2]

Les membres permanents du Conseil de sécurité de l'ONU et le Secrétaire général de l'ONU Kofi Annan ont eu une réunion le 13 septembre 2002 à New York, au cours de laquelle Dominique de Villepin présente le projet français de démarche en deux temps pour l'Irak et réaffirme la détermination à lutter contre le risque de prolifération et obtenir le retour des inspecteurs.

Le 14 septembre 2002, le Quai d'Orsay et l'Élysée condamnent une visite surprise en Irak de trois députés français UMP, il s'agit de Didier Julia, vice-président du groupe d'amitié France-Irak, Thierry Mariani, et Éric Diard.[3]

Le Conseil de sécurité de l'ONU adopte le 24 septembre 2002 la résolution 1435 qui exige la cessation des actes de violence, exige d'Israël de mettre fin aux mesures prises à Ramallah, exige le retrait rapide des troupes israéliennes des

---

[1] Jacques Chirac, *Le temps présidentiel Mémoires 2*, Nil Editions, 2011, pp. 373-375.
[2] Frédéric Bozo, *Histoire secrète de la crise irakienne la France, les Etats-Unis et l'Irak 1991-2003*, Perrin, 2013, ebook.
[3] Nadine Tournayre, *Dominique de Villepin et le monde visions et pratiques d'une politique étrangère*, Doctorat d'histoire, 24 juin 2009, Université Sorbonne Nouvelle Paris III, p.322.

villes occupées depuis septembre 2000 et demande à l'Autorité palestinienne de juger les responsables d'actes terroristes.[1]

Dominique de Villepin publie la tribune « Irak : ne pas brûler les étapes » le 1er octobre 2002 dans Le Monde. La communauté internationale vit une heure décisive de son histoire, chaque État doit prendre ses responsabilités. L'Irak constitue une menace potentielle pour la sécurité régionale et internationale et la lutte contre la prolifération des armes de destruction massive représente un enjeu essentiel. L'Irak a défié la communauté internationale : tous les indices convergent pour penser qu'il a reconstitué des capacités biologiques et chimiques. Pour Dominique de Villepin, la France n'a aucune complaisance à l'égard de Bagdad mais une action de changement de régime contredirait les règles du droit international et ouvrirait la porte à toutes les dérives. Le président Chirac a proposé une démarche en deux temps pour préserver l'unité de la communauté internationale, asseoir la légitimité de l'action et répondre à l'exigence d'efficacité. La France ne peut pas accepter une résolution autorisant dès maintenant le recours à la force. La stabilité demeure une exigence stratégique de même que l'équité (crise du Proche-Orient). La responsabilité collective est une nécessité morale et politique.

Le Conseil des ministres français ratifie le 2 octobre 2002 l'Accord d'association entre l'Union européenne et l'Égypte, signé le 25 juin 2001.

Le 6 octobre 2002, un pétrolier français, « le Limburg », est percuté au large du Yémen par de petites embarcations pleines d'explosifs. Le réseau terroriste Al-Qaïda revendique l'action.

À l'Assemblée nationale (8 octobre 2002) et au Sénat (9 octobre 2002), Dominique de Villepin intervient sur l'Irak : la France a une responsabilité particulière et des devoirs vis-à-vis de la communauté internationale, des solidarités, des amitiés et

[1] S/RES/1435 (2002).

un rôle éminent au sein du Conseil de sécurité de l'ONU. La France appelle à reprendre les inspections en désarmement en Irak et à préserver l'unité de la communauté internationale qui garantit la légitimité de l'action. Dominique de Villepin défend la démarche en deux temps : d'abord une résolution sur le retour des inspecteurs, puis si l'action des inspecteurs est entravée, une deuxième résolution pour tirer toutes les conclusions. La France récuse toute action unilatérale et préventive, défend la primauté du droit international, l'emploi de la force doit rester un dernier recours. Pour Dominique de Villepin, l'effondrement de l'Irak aurait des conséquences incalculables sur son environnement et l'enjeu de cette crise dépasse l'Irak : il y va de l'ordre international des prochaines années, des relations entre les peuples et de la fracture Nord-Sud. La crise irakienne ne doit pas faire oublier le conflit israélo-palestinien. Pour Dominique de Villepin, la France a des responsabilités particulières au titre de son statut de membre permanent au Conseil de sécurité, de son rôle moteur en Europe, de son amitié ancienne et profonde avec les États-Unis et de ses relations fortes avec le monde arabe.

Le 11 octobre 2002, après le vote à une très forte majorité du Sénat consécutif à celui de la Chambre des représentants, le Congrès américain autorise le recours unilatéral à la force contre l'Irak.

Dans ses déclarations en réponse à des questions d'actualité à l'Assemblée nationale le 15 octobre 2002, Dominique de Villepin déclare que le terrorisme est une menace opportuniste et qu'il faut une réponse globale, militaire, policière, judiciaire, dans le cadre de l'ONU et de l'Union européenne. Il faut prendre en compte la faim, les injustices et les crises et ne pas céder à la tentation d'un choc des cultures, d'une fracture entre les civilisations. S'agissant du Liban, Dominique de Villepin déclare que la France est un partenaire privilégié du Liban, elle est attachée à la stabilité, la réforme et la reconstruction du Liban. La France plaide pour une nouvelle conférence ad hoc sur le Liban à Paris.

Le 16 octobre 2002, le Président français Jacques Chirac et son homologue égyptien, Hosni Moubarak, inaugurent à Alexandrie la nouvelle Bibliothèque d'Alexandrie.

Dominique de Villepin effectue une visite en Libye le 18 octobre 2002. Il est reçu par le guide Khadafi et s'entretient avec deux ministres libyens. Le 21 octobre 2002, vingt ans après la précédente session, se tient à Paris la 4e Commission mixte franco-libyenne.

Le 20 octobre 2002, le Sommet de la Francophonie se tient à Beyrouth (Liban). Une Déclaration est adoptée, soutenant l'Initiative arabe de paix de mars 2002 et la primauté du rôle de l'ONU. Abdou Diouf est élu secrétaire général de la Francophonie pour succéder à Boutros Boutros-Ghali.

Le 30 octobre 2002, les deux membres du GIA algérien responsables des attentats de 1995 à Paris, Boualem Bensaïd et Smain Aït Belkacem, sont condamnés à la réclusion criminelle à perpétuité.

Dominique de Villepin effectue une visite officielle au Maroc les 30 et 31 octobre 2002. Il est reçu par le roi Mohammed VI, le Premier ministre et son homologue marocain. Il réitère la volonté de la France de relancer un partenariat exceptionnel, de contribuer au développement économique et social et de soutenir l'intégration régionale maghrébine. La France se veut l'ardent avocat du Maroc au sein de l'Union européenne et dans les cadres du Forum méditerranéen, du Groupe 5+5 et du Processus de Barcelone. Pour la question du Sahara occidental, très importante pour la stabilité et le développement du Maghreb, la France soutient l'ONU et attend des gestions humanitaires (libération des prisonniers de guerre marocains).

Dominique de Villepin prononce le 31 octobre 2002 un discours à l'Université Mohammed-V de Rabat. Évoquant l'illusion de la rive unique, il lance un appel aux hommes de science, aux juristes, aux théologiens, aux poètes, aux chercheurs, pour défendre une vision forte et juste de l'Islam. Il est urgent de retrouver le rêve des deux rives et les conditions sont : la conscience universelle, l'attachement à la démocratie et la liberté et le respect du droit international. Pays arabe, pays berbère, pays d'Islam attaché à sa part de judéité, pays de la diversité ethnique, linguistique et culturelle, le Maroc respire de toutes parts. Il s'alimente de relations incessantes, intellectuelles et artistiques, touristiques et commerciales, d'un flux permanent de migrants et de passeurs d'une rive à l'autre.

Le 6 novembre 2002, Dominique de Villepin ouvre « Djazaïr : une Année de l'Algérie en France » qui verra l'organisation de 1800 manifestations culturelles en France en 2003, pour consolider les liens passionnels que l'histoire a tissés entre l'Algérie et la France.

Le Conseil de sécurité de l'ONU adopte le 8 novembre 2002 la résolution 1441 qui décide que l'Irak est en violation patente de ses obligations en matière de désarmement non-conventionnel et somme l'Irak de permettre aux inspecteurs en désarmement de l'ONU et de l'AIEA d'accéder à toutes ses installations. L'Irak est averti des graves conséquences en cas de manquement à ses obligations.[1]

La résolution 1441 est adoptée à l'unanimité. La France convainc les Américains (après de longues négociations, Washington aurait souhaité une résolution unique) et les Syriens (appel de Chirac à Bachar al-Assad) de voter le texte.[2]

Sur le fond, pour la France, la lutte contre la prolifération des armes de destruction massive est la seule base légale et légitime pour évoquer des mesures coercitives contre Bagdad. Sur la méthode, les inspections conduites par la Commission de contrôle, de vérification et d'inspection des Nations Unies (CCVINU) et par l'Agence internationale de l'énergie atomique

---

[1] S/RES/1441 (2002).

[2] Jean-Marc De La Sablière, *Dans les coulisses du monde*, Robert Laffont, 2013, ebook.

(AIEA) doivent se voir accorder toutes leurs chances, le Conseil de sécurité de l'ONU, sur la base des inspections, est seul habilité à évaluer la situation et à adopter une décision.

Les 10 et 12 novembre 2002, Dominique de Villepin réagit à l'adoption de la résolution 1441 qui est un bon accord, les Américains ont choisi la voie de la responsabilité et de la sécurité collective. Le Moyen-Orient n'a pas besoin d'une nouvelle guerre et si nous voulons réduire l'incertitude dans le monde, il faut s'attaquer à l'injustice centrale qu'est le Proche-Orient. La résolution 1441 donne une chance à la paix, elle adresse un message de grande fermeté à Saddam Hussein et marque l'unité du Conseil de sécurité.

Le 13 novembre 2002, l'Irak accepte sans conditions la résolution 1441 et le retour des inspecteurs en désarmement.

Dominique de Villepin effectue une visite officielle en Tunisie le 14 novembre 2002, il est reçu par Zine El Abidine Ben Ali et célèbre les relations intenses et régulières entre la France et la Tunisie. La France soutient le développement économique et social en Tunisie et salue la participation de la Tunisie au processus d'Agadir.

Dominique de Villepin reçoit à Paris, le 16 novembre 2002, Hans Blix, le président exécutif de la Commission de contrôle, de vérification et d'inspection de l'ONU (CCVINU). Il salue le redémarrage des inspections de la CCVINU et de l'AIEA et apporte le soutien politique et matériel de la France aux inspecteurs.

La Conférence « Paris II » de soutien au programme de réformes économiques du Liban se tient le 23 novembre 2002 à Paris. 4 milliards d'USD de promesses de dons sont annoncées.

Le 25 novembre 2002, les inspecteurs des Nations Unies arrivent à Bagdad. Le 7 décembre 2002, l'Irak remet un document de 12 000 pages sur son armement non conventionnel en application des décisions de l'ONU.

Le président français Jacques Chirac inaugure, le 5 décembre 2002 à Paris, le Mémorial national de la guerre d'Algérie et des combats du Maroc et de la Tunisie, qui honore la mémoire des 22 000 soldats français morts en Afrique du Nord pour la France.

Dominique de Villepin effectue une visite officielle en Algérie les 16 et 17 décembre 2002. Cette visite a un triple enjeu : confirmer l'élan qui prévaut depuis juin 2000, réaffirmer la solidarité avec l'Algérie et construire une aire de stabilité et de développement en Méditerranée. Un accord de conversion de 61 millions d'euros de dettes en investissements privés est signé, mais Dominique de Villepin insiste sur le fait que les entreprises se déterminent avant tout sur des critères liés à l'environnement des affaires et aux opportunités d'investissements. Au cours de sa visite, Dominique de Villepin inaugure une médiathèque à Bab El Oued et le Lycée international Alexandre Dumas d'Alger.

À Alger, Dominique de Villepin prononce un discours le 17 décembre 2002 à l'Institut National de la Magistrature. Réaffirmant l'importance de la culture comme ciment des relations bilatérales, Dominique de Villepin déclare que la France est aux côtés de l'Algérie pour soutenir la politique de réformes et appelle à renforcer les liens entre les sociétés civiles. Il appelle aussi à répondre à trois enjeux : le respect des droits de l'homme, la lutte contre l'uniformisation culturelle et à lever les blocages du développement tout en luttant contre le rejet de l'Autre et la tentation du repli.

Dominique de Villepin reçoit le ministre israélien des Affaires étrangères Benyamin Netanyahu le 19 décembre 2002. Il cite la création il y a trois mois d'un groupe de travail pour faire des suggestions et des propositions sur la façon de développer les relations franco-israéliennes. Pour la France, la sécurité d'Israël est un impératif.

Le 7 janvier 2003, dans ses vœux aux Armées, Jacques Chirac demande aux soldats de se tenir prêts car d'autres théâtres d'opérations pourraient s'ouvrir et il appelle à être attentifs à l'application de la résolution 1441 sur l'Irak. Cette prise de position fait croire aux Américains que la France se joindra en dernier recours à la guerre en Irak contre Saddam Hussein.[1]

Le 8 janvier 2003, Dominique de Villepin écrit à ses homologues siégeant au Conseil de sécurité de l'ONU. Il répète qu'il est impératif que les Irakiens coopèrent activement et que les inspecteurs se voient accorder toute l'aide nécessaire, y compris par la communication des informations disponibles.[2]

Selon un sondage en janvier 2003, 77 % des Français sont opposés à la guerre en Irak.[3] Jacques Chirac envoie le 13 janvier 2003 son conseiller Maurice Gourdault-Montagne rencontrer les plus hauts responsables de la Maison-Blanche et de la sécurité nationale : Condoleeza Rice, Stephen Hadley, Paul Wolfowitz, Richard Armitage, Richard Haass, et Eric Edelman.

Le directeur général de l'Agence internationale de l'énergie atomique (AIEA), Mohamed El Baradei, se rend en visite en France le 13 janvier 2003 et s'entretient avec Dominique de Villepin.

Bruno Le Maire note qu'à la date du 16 janvier 2003, plus personne ou presque au Département ne soutient la position du ministre. Le cap est tenu par deux ou trois directeurs, autant d'ambassadeurs, les conseillers qui traitent directement de la crise et le couple impavide (directeur adjoint et directeur de cabinet).[4]

---

[1] Eric Aeschimann, Christophe Boltanski, *Chirac d'Arabie Les mirages d'une politique française*, Grasset, 2006, p. 272.
[2] Frédéric Bozo, *Histoire secrète de la crise irakienne la France, les Etats-Unis et l'Irak 1991-2003*, Perrin, 2013, ebook.
[3] Yves Derai, Aymeric Mantoux, *L'homme qui s'aimait trop*, L'Archipel, 2005, p.30.
[4] Bruno Le Maire, *Le Ministre*, Grasset, 2004, p. 99.

À la réunion ministérielle du Conseil de sécurité de l'ONU, sous présidence française, consacrée à la lutte contre le terrorisme, le 20 janvier 2003 à New York, Dominique de Villepin propose la création d'un Fonds de coopération et d'assistance contre le terrorisme. Lors de la conférence de presse, à propos de l'Irak, Dominique de Villepin déclare que la France, comme membre permanent du Conseil de sécurité, assumera toutes ses responsabilités, fidèle aux principes qui sont les siens. « En matière de respect des principes, nous irons jusqu'au bout » car la France est comptable sur le plan international du respect des principes de droit, de morale, de justice et de solidarité.

Les directeurs et sous-directeurs du Quai sont presque unanimes à condamner les propos du ministre à New York. Il a franchi la ligne rouge, disent-ils. [1] Jamais l'option du veto n'avait été ouverte de manière aussi nette.

Le 30 janvier 2003, huit pays européens (Grande-Bretagne, Italie, Espagne, Portugal, Pays-Bas, Hongrie, Pologne, Tchéquie), apportent dans le « Wall Street Journal », leur appui à Washington sur l'Irak.

Lors de la réunion ministérielle du Conseil de sécurité de l'ONU à New York le 5 février 2003, le Secrétaire d'État américain Colin Powell présente les « preuves » de la possession d'armes de destruction massive par l'Irak de Saddam Hussein. Dans son intervention, Dominique de Villepin s'en tient à la nécessité de renforcer les inspections, car il revient aux inspecteurs de dire la réalité des faits sur le terrain.

Une réunion du Conseil de sécurité de l'ONU, au niveau ministériel, se tient à New York le 14 février 2003, pour écouter les rapports des inspecteurs en désarmement en Irak. Dominique de Villepin défend la poursuite des inspections et s'oppose à l'éventualité d'une guerre qui aurait des conséquences incalculables pour la stabilité régionale. Il insiste

---

[1] Bruno Le Maire, *Le Ministre*, Grasset, 2004, p. 144.

sur la nécessaire unité de la communauté internationale et clôt son intervention ainsi : *« À ceux qui se demandent avec angoisse quand et comment nous allons céder à la guerre, je voudrais dire que rien, à aucun moment, au sein de ce Conseil de sécurité, ne sera le fait de la précipitation, de l'incompréhension, de la suspicion ou de la peur.*

Dans ce temple des Nations Unies, nous sommes les gardiens d'un idéal, nous sommes les gardiens d'une conscience. La lourde responsabilité et l'immense honneur qui sont les nôtres doivent nous conduire à donner la priorité au désarmement dans la paix.

Et c'est un vieux pays, la France, un vieux continent comme le mien, l'Europe, qui vous le dit aujourd'hui, qui a connu les guerres, l'occupation, la barbarie. Un pays qui n'oublie pas et qui sait tout ce qu'il doit aux combattants de la liberté venus d'Amérique et d'ailleurs. Et qui pourtant n'a cessé de se tenir debout face à l'Histoire et devant les hommes. Fidèle à ses valeurs, il veut agir résolument avec tous les membres de la communauté internationale. Il croit en notre capacité à construire ensemble un monde meilleur ».

À la fin de son intervention, Dominique de Villepin est applaudi par le public, ce qui est très rare et interdit dans l'enceinte de l'ONU et malgré la remarque ironique du ministre britannique Jack Straw (*Nous aussi nous sommes un vieux pays, fondé par les Français en 1066),* le discours de Dominique de Villepin reste dans les annales historiques comme le symbole du « non » à la guerre en Irak.

Dans des interviews à des radios et télévisions françaises et à la presse le 14 février 2003 à New York, Dominique de Villepin déclare que les applaudissements saluent l'effort de la France pour maintenir une position équilibrée, de fermeté vis-à-vis de l'Irak et les efforts pour permettre à ces inspections de donner des résultats. Dominique de Villepin déclare ressentir une très grande fierté de représenter la diplomatie française, une très grande fierté de servir sous l'autorité d'un Président de la République qui depuis le premier jour a marqué le cap

En 2004, Dominique de Villepin écrit : « *Le 14 février, j'ai pensé qu'il fallait parler pour aujourd'hui mais aussi pour demain. Je parlais pour convaincre et pour toucher le cœur, guidé par la mémoire et par l'espoir de tant de Français, d'Européens et d'autres peuples fraternels. L'enjeu était des visions du monde* ». Il ajoute : « *J'étais fier, à cet instant, de porter cette voix française qui m'avait si souvent fait vibrer* ».[1]

Quelques jours auparavant Donald Rumsfeld avait dénigré la vieille Europe en des termes méprisants. L'Ambassadeur égyptien à New York Ahmed Aboul Gheit dit à Jean-Marc de La Sablière : « la France a parlé pour la grande majorité des États, nous l'avons fait savoir ».[2]

Jacques Chirac écrira en 2011 dans ses Mémoires : *« Ma stratégie d'ensemble sur l'affaire irakienne est préparée, réfléchie et menée conjointement avec Dominique de Villepin auquel m'unit la collaboration la plus confiante et la plus amicale. Notre tandem peut s'appuyer sur le savoir-faire, l'habileté et la compétence d'une équipe restreinte »,* et de citer : *« Jean-Marc de La Sablière, Maurice Gourdault-Montagne, Jean-David Lévitte, Catherine Colonna ».*[3]

Pour Claire Tréan (du journal Le Monde) : *« Le discours de Villepin n'était pas ce qu'on peut faire de mieux dans la grande tradition du classicisme français ? ».*[4] À la faveur de la crise

[1] Dominique de Villepin, *Le requin et la mouette*, Plon Albin Michel, 2004, p. 130.
[2] Jean-Marc De La Sablière, *Dans les coulisses du monde*, Robert Laffont, 2013, ebook.
[3] Jacques Chirac, *Le temps présidentiel Mémoires 2*, Nil Éditions, 2011, pp. 377-382.
[4]Le Monde, « *Tantôt encensé, tantôt dénigré : Dominique de Villepin ou le refus de la fatalité* », 15 février 2003.

irakienne, la politique extérieure de la France a gagné en visibilité et en lisibilité.[1]

Le 15 février 2003, des millions de personnes dans plus de 600 villes de par le monde manifestent contre la guerre en Irak. Dans une interview au « Time Magazine », le 16 février 2003, le président français Jacques Chirac évoque les conséquences considérables d'une guerre en Irak, qui aboutira à la déstabilisation de l'ensemble de la région et donnera une forte impulsion au terrorisme.

Le 17 février 2003, le Comité des plans de défense de l'OTAN accepte la requête turque de protection en cas de guerre contre l'Irak ; la France ne fait plus partie de ce Comité depuis 1966. [2] La France, l'Allemagne, et la Belgique, soulignent, le 19 février 2003, que cette décision de l'OTAN ne préjuge en rien des efforts pour le désarmement pacifique de l'Irak.

Le 21 février 2003, Jean-David Lévitte, ambassadeur de France à Washington, proposa aux États-Unis de renoncer à chercher à obtenir une seconde résolution, en échange de l'engagement de la France à ne pas utiliser son veto.[3]

Le 24 février 2003, Washington, Madrid et Londres déposent un second projet de résolution au Conseil de sécurité constatant la *« violation patente » (material breach)* par l'Irak de ses obligations. Paris, Moscou, Pékin et Berlin soumettent une contre-proposition en faveur d'un renforcement du régime des inspections.

---

[1] Claire Tréan, « *Chirac-Villepin un premier bilan de leur politique étrangère* », Le Monde, 16 juin 2003.
[2] Jean Saint-Iran, *Villepin vu du Quai Les Cent semaines*, Privé, 2005, p. 99.
[3] Gildas Le Voguer, Le conflit franco-américain durant la crise de l'Irak 2003-2005, pp. 183-211 in Renéo Lukic, *Conflit et coopération dans les relations franco-américaines du Général de Gaulle à Nicolas Sarkozy*, Les Presses de l'Université Laval, 2009.

À ceux qui accusent la France de protéger ses intérêts économiques en Irak, Dominique de Villepin répond, le 27 février 2003, que l'Irak n'est que le 53e partenaire commercial de la France et ne représente que 0,3 % du commerce extérieur français. Il s'agit d'un procès d'intention.

Du 2 au 4 mars 2003, le président français Jacques Chirac effectue une visite d'État en Algérie. La France restitue à l'Algérie le sceau du Dey Hussein pris en 1830. La France évoque un « partenariat d'exception » avec l'Algérie et souhaite conclure un Traité d'amitié pour parachever le rapprochement entre l'Algérie et la France.

Le 2 mars 2003, à Alger, en marge de la visite d'État de Jacques Chirac, Dominique de Villepin et son homologue algérien adoptent une Déclaration franco-algérienne portant création du Haut Conseil universitaire et de recherche, qui a pour mission d'animer et de développer des partenariats entre les deux pays et de jeter les bases d'une relation durable entre les établissements universitaires et de recherche.

Dans une interview à Radio-Canada le 4 mars 2003, Dominique de Villepin déclare qu'il n'y a aucun élément montrant que l'Irak essaie de dissimuler ou s'efforce d'entraver le travail des inspecteurs.

Les chefs de la diplomatie de Russie, d'Allemagne et de France publient le 5 mars 2003 à Paris une Déclaration conjointe par laquelle ils déclarent que le désarmement effectif et complet de l'Irak peut être atteint par la voie pacifique des inspections. « Nous ne laisserons pas passer un projet de résolution qui autoriserait le recours à la force. La Russie et la France prendront toutes leurs responsabilités sur ce point ».

Le 7 mars 2003, la réunion ministérielle du Conseil de sécurité des Nations unies entend la présentation des derniers rapports des chefs des inspecteurs de l'ONU. Pour Hans Blix, *« après une période de coopération quelque peu réticente, il y a eu une accélération des initiatives irakiennes »* en matière de désarmement tandis que Mohammed El Baradei souligne que les inspecteurs n'ont trouvé aucun signe d'activité nucléaire en Irak ni aucune indication sur des importations d'uranium par Bagdad depuis 1990. Le ministre français déclare que les éléments significatifs d'un vrai désarmement de l'Irak sont constatés, il se demande pourquoi il faut engager une guerre en Irak. *« La guerre est toujours un constat d'échec »*, il ne faut pas se résigner.

Il annonce que l'Irak présente un danger moins important pour le monde qu'en 1991. Il faut atteindre le désarmement effectif du pays, il ne faut pas relâcher la pression sur Bagdad, la pression est efficace (diplomatique ou militaire). Il propose :

- Demander aux inspecteurs d'établir une hiérarchie de tâches de désarmement et de présenter le programme de travail pour connaître les questions prioritaires.

- Que les inspecteurs remettent toutes les 3 semaines un rapport d'étape.

- De dresser un bilan de la mise en œuvre du progrès du travail dans 120 jours (résolution 1284).

Il déclare que l'agenda militaire ne doit pas dicter le calendrier des inspections. *« La France ne laissera pas passer une résolution qui autoriserait le recours automatique à la force. »*.

L'enjeu dépasse l'Irak car c'est un mode de règlement des crises qui est en cause, les racines des crises sont nombreuses et la force ne résout rien. L'usage de la force conduira à des rancœurs, des haines et un affrontement des cultures. Il se demande quels sont les objectifs de la guerre : changer le régime de Bagdad (personne n'a la légitimité pour le faire malgré la nature du régime), lutter contre le terrorisme (cela ne fera que l'accroître) ou remodeler le paysage politique au Moyen-Orient. Il comprend le sentiment d'insécurité du peuple américain, mais aucun lien n'est prouvé entre Al-Qaeda et l'Irak, le monde ne sera pas plus sûr après une intervention en Irak. Il annonce qu'il faut se regrouper et rester unis dans le cadre de l'ONU.

Dominique de Villepin effectue le 10 mars 2003 une tournée en Angola, au Cameroun et en Guinée, trois pays membres non permanents du Conseil de sécurité de l'ONU, et confirme que la France ne laissera pas passer une résolution ouvrant la voie à la guerre contre l'Irak.

La tournée de Villepin en Afrique en mars 2003 vise à dissuader les « flottants » de voter et éviter à la France d'avoir à opposer concrètement un veto aux États-Unis.[1]

Le 10 mars 2003, dans le contexte de l'intervention militaire américano-britannique prochaine contre l'Irak, Jacques Chirac estime qu'il faut donner du temps et des moyens aux inspecteurs en désarmement de l'ONU et de l'AIEA. *« Nous voulons vivre dans un monde multipolaire, avec quelques grands groupes qui aient entre eux des relations aussi harmonieuses que possible, un monde dans lequel l'Europe aura toute sa place, un monde où la démocratie progresse... Un monde qui privilégie le respect de l'autre, le dialogue des cultures, le dialogue des civilisations »*. Pour J. Chirac : *« quelles que soient les circonstances, la France votera non (à une nouvelle résolution autorisant le recours à la force) parce qu'elle considère qu'il n'y a pas lieu de faire une guerre pour atteindre l'objectif fixé, le désarmement de l'Irak »*.

Une réunion du Conseil de sécurité de l'ONU à New York sur l'Irak se tient le 19 mars 2003. Dominique de Villepin annonce que la guerre n'est pas l'ultime recours, les conditions du désarmement (résolution 1441) sont réunies pour réussir. Il déclare que *« le choix est entre deux visions du monde »* : ceux qui choisissent le recours à la force pour résoudre la complexité du monde par une action rapide et préventive et ceux qui

---

[1] Christian Lequesne, Maurice Vaïsse (sous la direction), *La politique étrangère de Jacques Chirac*, Riveneuve Editions, 2013, p. 146.

utilisent l'action déterminée dans la durée. Il propose la création d'un Corps du désarmement relevant de l'ONU, il faut que l'ONU reste unie pour retrouver l'unité de la communauté internationale. Après la guerre, il faudra apporter l'assistance humanitaire indispensable à l'Irak, la construction de la paix (respect de l'intégrité territoriale et de la souveraineté de l'Irak), la reconstruction économique. Il faut rester mobilisés contre le terrorisme et le crime organisé ; il propose la réunion des chefs d'État du Conseil de sécurité.

Il faut donner une impulsion à la lutte contre les armes de destruction massive et les crises régionales, il faut des principes : respect du droit, défense de la liberté et de la justice et esprit de dialogue et de tolérance.

Dans une réponse au Sénat, le 20 mars 2003, Dominique de Villepin déclare que la France regrette la guerre en Irak qui ne bénéficie pas de l'aval de l'ONU. L'ONU seule a la légitimité pour mener à bien la reconstruction. La France propose de créer un corps international du désarmement.

En menaçant de faire usage de son droit de veto, la France a empêché les États-Unis de se prévaloir de la légitimité internationale pour partir en guerre contre l'Irak.[1] Une vague de francophobie (french-bashing) se propage aux États-Unis et les Français sont considérés comme des traîtres. Jean-David Lévitte, ambassadeur de France à Washington, adresse le 15 mai 2003 une lettre ouverte et une plainte formelle à la Maison-Blanche, aux médias et au Congrès pour dénoncer la campagne de désinformation répétée. Il y accuse des sources au sein de l'Administration de répandre des rumeurs aussi outrancières qu'infondées.[2]

Grâce à son action durant la crise irakienne, Dominique de Villepin incarne aux yeux de la planète la France. Il a occupé

---

[1] Christian Lequesne, Maurice Vaïsse (sous la direction), *La politique étrangère de Jacques Chirac*, Riveneuve Editions, 2013, p. 39.
[2] Ibid, p. 149.

pendant plusieurs mois et avec talent la scène internationale et, dans l'ensemble, la presse est enthousiaste. Sa popularité est immense dans le monde arabe.[1] Mais la crise franco-américaine sur l'Irak est considérée comme la plus grave crise de toute l'histoire des « deux plus vieux alliés » du monde occidental.[2]

Dominique de Villepin déclare le 25 mars 2003 devant l'Assemblée nationale que la France veut une guerre courte et la moins meurtrière possible, que les pays de la région s'abstiennent d'y participer et que les évènements ne conduisent pas à la radicalisation des esprits et à la flambée du terrorisme. Les priorités seront : l'urgence humanitaire, le rétablissement de la pleine souveraineté de l'Irak, le rôle central de l'ONU dans le processus de reconstruction.

Les chefs de la diplomatie de Russie, d'Allemagne et de France se réunissent à Paris le 4 avril 2003 et soulignent l'importance du multilatéralisme et de la légalité internationale. À propos de l'Irak, ils rappellent l'urgence de l'aide humanitaire et la nécessité de préserver l'intégrité territoriale de l'Irak, rétablir la pleine souveraineté des Irakiens et garantir la stabilité régionale.

Suite à la chute du régime de Saddam Hussein, l'Élysée publie un communiqué, le 10 avril 2003, dans lequel la France se réjouit de la chute de la dictature et souhaite la fin rapide des combats ; l'Irak doit retrouver « sa pleine souveraineté dans une région stabilisée ».

Les ministres des Affaires étrangères du Dialogue 5+5 se réunissent le 10 avril 2003 à Sainte-Maxime et discutent de l'Irak et du Proche-Orient. Un non-papier franco-marocain est présenté pour réfléchir ensemble à une approche globale et équilibrée en matière de régulation des flux migratoires.

---

[1] Yves Derai, Aymeric Mantoux, L'homme qui s'aimait trop, L'Archipel, 2005, pp. 21, 39, 44.
[2] Charles Cogan, *Diplomatie à la française*, Editions Jacob Duvernet, 2005, p.217.

En Égypte, le 12 avril 2003, Dominique de Villepin déclare que les préoccupations immédiates en Irak sont de répondre à l'urgence humanitaire et sécuritaire, les objectifs doivent être la souveraineté et le bien-être du peuple irakien et la stabilité régionale. Les principes sont un rôle central de l'ONU, l'unité et l'intégrité territoriale de l'Irak et la protection des ressources naturelles.

Au Caire, le 12 avril 2003, Dominique de Villepin fait un discours sur « Le monde méditerranéen et le Moyen-Orient ». Rappelant l'urgence d'ancrer la paix au Moyen-Orient, il déclare que la France sait tout ce qu'elle doit à l'héritage arabe et moyen-oriental. Le Moyen-Orient dispose de formidables atouts (jeunesse enthousiaste, sagesse ancienne, culture foisonnante) et il n'y a aucune incompatibilité entre le monde arabe et la modernité. Il appelle à renouveler la relation avec l'Europe et à donner un nouveau souffle au processus de Barcelone. S'agissant de l'Irak, Dominique de Villepin fixe trois objectifs prioritaires : établir des institutions nationales souveraines et indépendantes ; définir les conditions d'une cohabitation harmonieuse de l'ensemble de la population ; améliorer la situation économique.

Dominique de Villepin publie le 12 avril 2003 dans Asahi Shimbun la tribune « Irak, comment retrouver l'unité de la communauté internationale » où il appelle à répondre aux besoins humanitaires des Irakiens et réitère que l'ONU a les moyens et la légitimité de créer des conditions de liberté, de dignité et de prospérité pour les Irakiens.

Dominique de Villepin se rend à Damas le 12 avril 2003. La Syrie a un rôle régional important à jouer et la France soutient le programme de réformes et d'ouverture de Bachar al-Assad.

En Arabie saoudite, le 13 avril 2003, Dominique de Villepin détaille les priorités qui doivent guider la communauté internationale en Irak : urgence humanitaire, insécurité, reconstruction politique et économique, rôle central de l'ONU.

Dominique de Villepin se rend en visites officielles en Turquie (22 avril 2003), en Jordanie (23 avril 2003) et en Iran (24 avril 2003). Il s'entretient avec de nombreux hauts responsables dont le Premier ministre turc Erdogan, le ministre turc Abdullah Gül, le président iranien Khatami, le ministre iranien Kharrazi et le président du Conseil de discernement Rafsandjani. Dominique de Villepin annonce qu'il est favorable à une suspension immédiate des sanctions en Irak et évoque les droits de l'homme en Iran.

Le 30 avril 2003, la « Feuille de route » du Quartet (États-Unis, Union européenne, Russie, ONU), qui prévoit la création d'un État palestinien en 2005, est rendue publique.

Lors d'une conférence de presse rendant compte de ses déplacements au Moyen-Orient, Dominique de Villepin fait la liste le 30 avril 2003 des défis de l'Irak : humanitaire, sécurité, reconstruction politique et économique.

Dans une déclaration à Paris le 9 mai 2003, Dominique de Villepin s'agissant de l'Irak, appelle à apporter des solutions aux questions du régime des sanctions, au désarmement, à la gestion des ressources pétrolières et à la sortie du programme « Pétrole contre nourriture ». Il souhaite l'établissement d'un régime irakien stable, démocratique et reconnu au plan international.

Recevant l'Émir du Qatar, Cheikh Hamad Ben Khalifa Al-Thani, le 12 mai 2003 à Paris, Dominique de Villepin annonce que la France réfléchit à un mécanisme de contrôle et de supervision de l'application de la Feuille de route pour le Proche-Orient.

En marge de la réunion des ministres des Affaires étrangères du G8 à Paris, le 22 mai 2003, Dominique de Villepin évoque le séisme en Algérie et l'aide d'urgence dans le domaine de la protection civile.

La résolution 1483 du Conseil de sécurité de l'ONU adoptée le 22 mai 2003 met fin de facto au régime des sanctions contre l'Irak (sauf en matière d'armements) et confie aux États-Unis et au Royaume-Uni la gestion du pays. La résolution reconnaît *« les pouvoirs, responsabilités et obligations spécifiques »* des États-Unis et du Royaume-Uni *« en tant que puissances occupantes agissant sous un commandement unifié, en vertu du droit international applicable »*. L'ONU autorise la reprise des exportations de pétrole irakien.[1]

Dans une interview au Monde, le 23 mai 2003, Dominique de Villepin déclare que la résolution votée à l'ONU ne légitime pas la guerre et ouvre la voie à la paix qu'il faut construire ensemble. En outre, l'ONU revient dans le jeu.

Dominique de Villepin rend hommage au philosophe Jacques Derrida à l'Université hébraïque de Jérusalem le 25 mai 2003 et prononce un discours à l'Hôtel King David de Jérusalem dans lequel il évoque la profondeur historique des relations franco-israéliennes et déclare que la France n'a jamais transigé sur la sécurité d'Israël et qu'elle souhaite un État d'Israël pleinement intégré dans son environnement, vivant en paix et en totale sécurité, échangeant avec ses voisins. Le 25 mai 2003, à Jérusalem, Dominique de Villepin se félicite de l'acceptation de la Feuille de route par Israël et appelle les deux parties à faire des gestes : du côté palestinien, lutte contre la terreur et réformes, du côté israélien, arrêt de la colonisation et retrait des territoires. Le Premier ministre israélien Ariel Sharon refuse de recevoir Dominique de Villepin pour montrer sa désapprobation de l'entretien prévu avec Yasser Arafat par le ministre français.

Dominique de Villepin se rend à Ramallah le 26 mai 2003 et s'entretient avec Yasser Arafat. Il exprime la confiance en la capacité de l'Autorité palestinienne à pousser l'indispensable processus de réformes, il appartient aux Israéliens de faire les gestes nécessaires : arrêt des opérations militaires, gel de la

---

[1] S/RES/1483 (2003).

colonisation, retrait des territoires, libération des prisonniers. Jugeant la situation humanitaire des Palestiniens grave, Dominique de Villepin salue le travail remarquable accompli par l'UNRWA (Office de secours de l'ONU pour les réfugiés de Palestine) et propose l'aide de la France en matière de renforcement des structures administratives, d'appui à la réforme institutionnelle, de réformes économiques, de sécurité et d'éducation.

Dominique de Villepin publie, le 9 juin 2003, la tribune « Lettre ouverte à mes amis israéliens » dans Haaretz. Il évoque la relation passionnée et passionnelle entre France et Israël et les deux atouts que sont la communauté francophone en Israël et la communauté juive de France. La France bâtira un nouvel Institut français à Tel-Aviv. Pour Dominique de Villepin, le conflit israélo-palestinien est devenu un symbole des fractures du monde.

Dominique de Villepin prononce une intervention le 14 juin 2003 sur le thème « Islam Occidents : du monde ancien au monde de demain » à la première journée du livre d'Histoire au Sénat. Ni l'Occident, ni le monde musulman ne sont homogènes. Les crises et les conflits récents ne sont pas des guerres de religion. Aujourd'hui, il y a plus à craindre d'un choc des ignorances que d'un choc des cultures. Le monde musulman doit faire face à de nombreux défis : développement économique et social, problèmes politiques, sentiment de domination culturelle occidentale. La propagande extrémiste se nourrit des conflits régionaux et des confrontations ouvertes avec le monde occidental (cas de l'Irak). L'idée de nous-mêmes est celle d'un Occident à plusieurs voix, de la diversité, du débat et de la démocratie.

Dominique de Villepin effectue une visite officielle en Mauritanie le 17 juin 2003. Il s'entretient avec le président Ould Taya et déclare que la France accompagnera les efforts de développement et d'ouverture de la Mauritanie.

Le Conseil de sécurité de l'ONU adopte le 31 juillet 2003 la résolution 1495 qui appuie énergiquement les efforts du Secrétaire général et de son Envoyé spécial pour le Sahara occidental et appuie le Plan de paix pour l'autodétermination du Sahara occidental qui constitue une solution politique optimale.[1]

Interrogé sur la décision prise par le cabinet de sécurité israélien d'envisager l'expulsion de Yasser Arafat, Dominique de Villepin considère le 11 septembre 2003 que le recours à une telle extrémité serait une grave erreur car Yasser Arafat est le président élu et légitime de l'Autorité palestinienne.

Le 11 septembre 2003, Dominique de Villepin se réjouit de l'accord conclu le 10 septembre 2003 entre la Fondation Khadafi et les familles des victimes du crash du DC-10 d'UTA. La France n'a naturellement plus d'opposition à ce que le Conseil de sécurité vote la levée des sanctions contre la Libye le plus rapidement possible.

Le Conseil de sécurité de l'ONU vote le 12 septembre 2003 la résolution 1506 qui lève les sanctions contre la Libye.[2] La France s'abstient lors du vote à cause de l'affaire du DC-10 d'UTA.

Dans une tribune intitulée « Irak : les chemins de la reconstruction » dans Le Monde (13 septembre 2003), Dominique de Villepin considère que l'urgence est de transférer la souveraineté au peuple irakien et de former une armée nationale irakienne.

Lors de la signature, le 16 septembre 2003 à Paris, du relevé de conclusions du Groupe de haut niveau franco-israélien coprésidé par l'Ambassadeur Yehuda Lancry et le Professeur David Khayat, Dominique de Villepin appelle à faire en sorte que la relation franco-israélienne ne soit pas suspendue aux aléas d'une situation politique. Parmi les mesures préconisées

---

[1] S/RES/1495 (2003).
[2] S/RES/1506 (2003).

par le Groupe de haut niveau : la mise en place d'un dialogue politique entre les ministères des Affaires étrangères ; la mise en place d'un forum annuel d'intellectuels ; la création d'un forum de la coopération décentralisée ; le développement des relations culturelles ; l'approfondissement de la coopération scientifique et technologique et des échanges commerciaux et économiques.

Dominique de Villepin publie le 20 septembre 2003 la tribune « Prendre le risque de la paix au Proche-Orient » à Al-Hayat, il appelle à faire le choix de la volonté contre le chaos et à prendre le risque de la paix. L'Europe a un rôle à jouer étant le premier partenaire commercial d'Israël et le premier bailleur de fonds des Palestiniens.

Le 1er octobre 2003, Dominique de Villepin offre un dîner à Paris en l'honneur de Mgr Nasrallah Boutros Sfeir, patriarche maronite d'Antioche et de tout l'Orient. Il rappelle que le synode maronite en juin 2003 a réaffirmé les choix fondamentaux : coexistence, œcuménisme, dialogue Islam-chrétienté, insertion dans le monde et ouverture à l'Occident. Dominique de Villepin appelle à mettre en œuvre les réformes au Liban et déclare que la France continuera à œuvrer au service de la souveraineté, de l'intégrité territoriale et de l'indépendance politique du Liban.

Le 6 octobre 2003, Dominique de Villepin considère comme une violation inacceptable du droit international la frappe israélienne en Syrie.

Dans une réponse à l'Assemblée nationale, le 8 octobre 2003, au sujet du conflit israélo-palestinien, Dominique de Villepin déclare que si l'on veut que l'agenda soit dicté par les extrémistes, il faut reprendre d'urgence l'initiative et accélérer l'application de la Feuille de route, tout en tenant une conférence internationale de paix et en déployant une force d'interposition.

Du 9 au 11 octobre 2003, le président français Jacques Chirac effectue une visite d'État au Maroc. Il relance l'idée de Charte euro-méditerranéenne de paix et de stabilité, soutient l'attribution par l'Union européenne du statut avancé au Maroc, et déclare que la France soutient la position du Maroc dans le conflit du Sahara occidental.

Le 16 octobre 2003, le Conseil de sécurité de l'ONU vote à l'unanimité la résolution 1511 qui redéfinit la place de l'ONU dans le processus de reconstruction de l'Irak avec la création d'une force multinationale sous l'égide des Américains et l'adoption d'un calendrier politique prévoyant un transfert de souveraineté aux Irakiens.

Dominique de Villepin se rend en Iran le 21 octobre 2003 en compagnie de ses homologues britannique et allemand, Jack Straw et Joschka Fischer. Les trois ministres s'entretiennent avec le secrétaire du Conseil suprême de sécurité nationale Hassan Rohani et obtiennent des engagements sur le dossier nucléaire : signature immédiate et mise en œuvre du Protocole additionnel ; coopération sans réserve avec l'AIEA ; suspension de toutes les activités d'enrichissement et de retraitement de l'uranium.

En raison de désaccords de formulation avec les Anglais sur la suspension ou la cessation du programme d'enrichissement d'uranium, les Russes se mettent en retrait, laissant les ministres des Affaires étrangères français, britannique et allemand prendre l'initiative des discussions avec le régime iranien. Le déplacement commun à Téhéran en octobre 2003 aboutit à un compromis sur l'arrêt du programme militaire et à l'engagement de négociations directes. En dépit de l'hostilité de l'Administration Bush.[1] Le 18 décembre 2003, l'Iran signe le protocole additionnel au TNP.

---

[1] Dominique de Villepin, *Mémoire de paix pour temps de guerre*, Grasset, 2016, p.343.

À Paris, le 22 octobre 2003, Dominique de Villepin intervient au dîner de gala des amis de l'Université de Tel-Aviv. Il rappelle les liens historiques entre la France et les Juifs et déclare que le gouvernement français est totalement déterminé à combattre l'antisémitisme et la France sera toujours aux côtés d'Israël contre le fanatisme, la haine et la violence. La sécurité d'Israël passe avant tout par une solution politique des problèmes de la région, la véritable amitié passe par la franchise. La construction de la barrière de sécurité et le développement des implantations contredisent le droit international et n'apportent pas de sécurité.

Dominique de Villepin publie dans Le Figaro, le 23 octobre 2003, la tribune « Les Européens, l'Iran et l'enjeu nucléaire ». Il y est écrit que la prolifération est l'une des menaces majeures et que l'Iran doit apporter la preuve du caractère strictement civil de son programme. L'Europe a fait le choix d'un dialogue exigeant. L'Iran a accepté le 21 octobre 2003 la coopération sans réserve avec l'AIEA, la signature et la mise en œuvre immédiate d'un accord de garanties renforcées et la suspension de l'enrichissement de l'uranium.

Les 29 et 30 octobre 2003, la France accueille à Saint-Symphorien-le-Château, une réunion extraordinaire des ministres des Affaires étrangères du Dialogue 5+5.

Dans « The National Journal », du 7 novembre 2003, le journaliste américain Paul Starobin écrit : « Les Français avaient raison », au sujet de l'Irak.[1] Dans une interview au French American Press Club, le 13 novembre 2003, Dominique de Villepin considère que l'Irak est devenu un vivier du terrorisme mondial et appelle à remplacer le régime d'occupation par un régime de souveraineté.

---

[1] Nadine Tournayre, *Dominique de Villepin et le monde visions et pratiques d'une politique étrangère*, Doctorat d'histoire, 24 juin 2009, Université Sorbonne Nouvelle Paris III, p.484.

À l'Assemblée nationale, le 19 novembre 2003, Dominique de Villepin salue la nouvelle approche américaine en Irak et appelle à accélérer et élargir le processus politique, à associer les États de la région et à donner un rôle effectif à l'ONU pour accompagner la transition.

Les 2 et 3 décembre 2003 à Naples se tient la 6e conférence ministérielle euro-méditerranéenne. Pour Dominique de Villepin, l'Europe doit être présente en tant que voisine et partenaire pour soutenir ces pays dans leurs projets de réforme et contribuer à instaurer une zone de paix et de prospérité en Méditerranée. Le Portugal et la France présentent des propositions de relance du Processus de Barcelone via : le renforcement du dialogue politique et de sécurité (sécurité régionale, lutte contre le terrorisme, démocratisation, droits de l'homme) ; le développement (accompagnement des réformes économiques et intégration régionale) et le dialogue des cultures et le développement social et humain. La logique du partenariat doit prévaloir et la France soutiendra les projets communs d'intégration régionale : énergie, eau, transports, technologies de l'information.

Les 3 et 4 décembre 2003, Jacques Chirac effectue une visite d'État en Tunisie. Le 5 décembre 2003, se tient à Tunis le Sommet des Chefs d'État et de gouvernement de la Méditerranée occidentale (Dialogue 5+5). La France lance un appel aux Maghrébins pour approfondir le dialogue et lever les obstacles au rapprochement.

Dominique de Villepin souligne l'importance des relations économiques franco-israéliennes au dîner de la Chambre de commerce France-Israël le 10 décembre 2003 à Paris.

Dominique de Villepin reçoit, le 15 décembre 2003 à Paris, une délégation du Conseil du gouvernement irakien intérimaire. Il appelle à préserver l'unité de l'Irak et à redonner aux Irakiens le plus rapidement possible la maîtrise de leur propre destin. Il annonce que, dans le cadre du Club de Paris, la France pourrait envisager des annulations de dette appropriées.

Dans une réponse à l'Assemblée nationale, le 16 décembre 2003, Dominique de Villepin déclare que l'arrestation de Saddam Hussein est un évènement majeur et qu'il faut se réjouir qu'une page noire de l'Histoire de l'Irak se tourne. La réconciliation politique exige d'accélérer le transfert de souveraineté et de responsabilité. La France est prête à envisager une annulation partielle de la dette irakienne.

Dominique de Villepin reçoit le 16 décembre 2003 Mme Shirin Ebadi, iranienne, prix Nobel de la paix. Il salue en elle le symbole des droits de la femme.

Dominique de Villepin salue le 20 décembre 2003 la décision de la Libye de renoncer aux programmes d'armes de destruction massive sous le contrôle des organisations internationales. La France salue également les efforts diplomatiques du Royaume-Uni et des États-Unis pour arriver à ce résultat.

Dans une interview au Figaro le 22 décembre 2003, Dominique de Villepin se félicite de l'annonce par la Libye de l'abandon des armes de destruction massive et attend de la communauté internationale un soutien dans l'affaire UTA pour que les victimes françaises ou étrangères soient indemnisées.

Le 3 janvier 2004, a lieu le crash d'un avion égyptien en mer Rouge, faisant 134 touristes français tués. Le 8 janvier 2004, Dominique de Villepin assiste à une cérémonie d'hommage aux victimes à Charm el-Cheikh en Égypte.

Dominique de Villepin et son homologue libyen signent le 9 janvier 2004 à Paris une déclaration conjointe garantissant l'accord portant règlement de l'affaire de l'attentat d'UTA.

Du 11 au 14 janvier 2004, Dominique de Villepin effectue une tournée au Moyen-Orient (Émirats arabes unis, Oman, Koweït, Qatar, Bahreïn) pour marquer la volonté française de faire aboutir le processus engagé en Irak par la résolution 1511 et l'accord du 15 novembre 2003 pour un retour à la souveraineté le 30 juin 2004. À Manama (Bahreïn) le 14 janvier 2004, Dominique de Villepin appelle à réfléchir à une nouvelle architecture de sécurité régionale pour faire en sorte que les questions du terrorisme, de prolifération, de respect des frontières, d'échanges humains, se trouvent au cœur de l'ambition commune.

Le 15 janvier 2004, Dominique de Villepin reçoit à Paris le Secrétaire du Conseil suprême de sécurité nationale d'Iran Hassan Rohani. Les attentes des Européens sont la suspension des activités d'enrichissement et de retraitement et la ratification du Protocole additionnel de l'AIEA.

Dominique de Villepin intervient au forum euro-méditerranéen « Science, développement et paix » le 17 janvier 2004 à Paris et déclare que les civilisations ne respirent et n'évoluent que dans le partage, le brassage et l'échange. Au Moyen-Orient, la communauté internationale doit s'impliquer avec attention, intuition et générosité dans la transformation de la région et procéder avec discernement afin de ne pas contribuer à la radicalisation des opinions publiques ou religieuses.

Le 10 février 2004, le Parquet de Paris ouvre une information judiciaire sur l'affaire des sept moines français assassinés dans la région de Médéa (Algérie) en 1996.

Avant la visite d'État du président d'Israël Mosche Katsav en France les 16 et 17 février 2004, Jacques Chirac accorde une interview au quotidien Yedioth Ahronoth le 13 février 2004 dans laquelle il réaffirme les liens forts et historiques entre France et Israël. « Pour nous, aimer Israël c'est exiger que votre pays vive en paix et en sécurité dans des frontières incontestées et qu'il soit pleinement accepté et intégré dans sa région ». La sécurité ne sera réellement assurée que par la paix. « La France sera toujours aux côtés d'Israël chaque fois que le fanatisme, la haine, la violence, voudront remettre en cause la légitimité de son existence ». J. Chirac défend Yasser Arafat qui reste un « élément fédérateur des Palestiniens » face aux groupes radicaux et critique la construction du Mur de séparation. La France abrite la deuxième communauté juive du monde, présente depuis 2000 ans, « elle sait ce qu'elle doit au génie du peuple juif ». Pour J. Chirac, « les Palestiniens ont aussi droit à la paix, à la dignité, à un avenir et à un État ».

Dans un entretien au Figaro le 19 février 2004, Dominique de Villepin salue le retour à la souveraineté irakienne le 30 juin 2004 et propose une conférence internationale pour mobiliser l'ensemble des forces nationales, régionales et internationales. La France envisage une coopération dans le domaine de la police et de la gendarmerie en Irak.

Le 8 mars 2004, l'Agence internationale de l'énergie atomique (AIEA) déplore le fait que l'Iran et la Libye n'ont pas respecté leurs engagements en matière de non-prolifération nucléaire.

Le 11 mars 2004, le président français Jacques Chirac reçoit à Paris le Premier ministre palestinien Ahmed Qorei.

Dans un entretien au journal Le Monde le 19 mars 2004, Dominique de Villepin évoque une triple dynamique pour résoudre la crise irakienne : intérieure (faire vivre les Irakiens ensemble), régionale (appui des États voisins) et internationale (reconstruction politique et économique).

Le 22 mars 2004, le Cheikh Yassine, fondateur et chef spirituel du Hamas, est tué par Israël à Gaza.

Pour Dominique de Villepin, la séquence diplomatique sur l'Irak à l'automne 2002 découle de la rencontre brutale entre l'obsession irakienne et le traumatisme du 11 septembre 2001. Tandis que l'Europe affirmait sa foi dans la règle de droit et la légitimité des instances multilatérales édifiées jadis à l'initiative américaine, les États-Unis misaient sur leur puissance militaire. Durant la crise irakienne, la France s'est battue pour la défense de certaines valeurs. Dominique de Villepin et Jacques Chirac étaient convaincus que ce qui se jouait était la future organisation du monde au 21e siècle et ont défendu les principes sur lesquels ils estimaient que l'ordre international doit désormais se construire : la légitimité (droit international et délibération collective), l'équité, la responsabilité (chaque État participe à la gestion des affaires du monde dans un esprit constructif et ouvert). Les divergences d'analyse avec les États-Unis portaient sur le fait que l'Irak ne constitue pas un danger imminent, sur le lien entre les réseaux terroristes et le régime irakien et sur le fait que l'ouverture d'un nouveau front militaire faciliterait le travail des forces du chaos.[1]

En 2016, dans son analyse du conflit irakien, Dominique de Villepin considère que trois erreurs stratégiques ont été commises par les Américains : le choix d'une invasion unilatérale justifiée par des mensonges ; la débaasification à marche forcée qui a détruit l'État et l'armée sans leur substituer une structure crédible ; et les Américains se sont retrouvés à devoir confier les rênes de l'Irak à l'Iran et aux communautés chiites.[2]

La marche vers la guerre a entraîné une profonde division des Nations Unies et, grâce à ses efforts diplomatiques, la France a pu rallier une majorité des membres du Conseil de sécurité. Pour Dominique de Villepin, la France devait prendre date sur une question structurante pour les relations internationales, tout en réduisant la menace terroriste et le risque d'un choc des civilisations.[3]

Pour Dominique de Villepin, le néo-conservatisme américain a conduit à la stigmatisation non seulement d'États mais de populations et de cultures. Il a installé deux poids, deux mesures pour les pays, en rejetant certains dans l'axe du mal absolu, en conservant d'autres parmi les alliés privilégiés. L'Europe ne peut se fourvoyer dans le recours à la force contre

---

[1] Dominique de Villepin, *Le requin et la mouette*, Plon Albin Michel, 2004, pp. 79-130.
[2] Dominique de Villepin, *Mémoire de paix pour temps de guerre*, Grasset, 2016, pp. 31-32.
[3] Ibid, pp. 645, 652.

la légitimité du droit et c'est pourquoi il était important que des voix européennes posent des valeurs et défendent des convictions, lors du débat de 2003 sur l'opportunité d'une intervention en Irak.[1]

Dans ses mémoires, George W. Bush affirme que l'Irak était une menace : sponsor du terrorisme, ennemi de l'Amérique, État menaçant pour ses voisins, État violant les demandes internationales, un État dirigé par un dictateur qui réprime sa population et qui cherche à acquérir des armes de destruction massive.[2]

S'agissant de l'Iran, les discussions des Européens avec Téhéran aboutirent à une impasse, les Iraniens accusant les Européens de ne pas avoir mis sur la table des propositions substantielles.[3] Le 28 mars 2004, l'Iran annonce la reprise de l'enrichissement d'uranium.

L'Afrique subsaharienne

Lorsqu'il arrive au Quai, la question africaine de l'heure est la crise à Madagascar avec le conflit électoral entre Didier Ratsiraka et Marc Ravalomanana, maire d'Antananarivo. Madagascar reste un important carrefour francophone dans l'océan Indien et un vecteur d'influence pour la France en Afrique australe. La France est également intervenue pour empêcher le départ de mercenaires vers Madagascar à partir de la Tanzanie.

Dominique de Villepin se rend à Libreville (Gabon) le 5 juin 2002 après avoir rencontré à Dakar le président sénégalais Abdoulaye Wade et le secrétaire général de l'OUA Amara Essy sur le dossier de Madagascar. La France est très inquiète de la dégradation de la situation à Madagascar et des conséquences humanitaires pour la population malgache.

---

[1] Dominique de Villepin, *La Cité des hommes*, Plon, 2009, pp. 100, 181.
[2] George W. Bush, *Decision points*, Virgin Books, 2010, p.228.
[3] Gérard Araud, *Passeport diplomatique : trente-sept ans au Quai d'Orsay*, Grasset, 2019, ebook.

Le Conseil de sécurité de l'ONU adopte le 14 juin 2002 la résolution 1417 qui proroge jusqu'au 30 juin 2003 la MONUC (Mission de l'ONU en RD du Congo) et demande aux États membres d'augmenter son effectif.[1]

Le 14 juin 2002, l'ex-président malgache Didier Ratsiraka arrive à Paris en provenance de Tamatave à bord d'un avion du gouvernement français. Le départ de Ratsiraka intervient alors que les troupes du président Marc Ravalomanana progressent sur le terrain.

Dans des interviews, Dominique de Villepin appelle à la réconciliation, au dialogue et à la démocratie à Madagascar (3 juillet 2002) et considère que Marc Ravalomanana a fait des gestes d'ouverture et de réconciliation. Il souhaite que Madagascar réintègre pleinement la communauté internationale. En visite à Madagascar le 3 juillet 2002, Dominique de Villepin signe des conventions de financement (Fonds social de développement, santé, agronomie et environnement), apporte un soutien humanitaire et soutient l'appel de Libreville et le processus de Dakar de sortie de crise.

Pour Dominique de Villepin, l'urgence à Madagascar était d'arrêter la guerre civile et d'empêcher un bain de sang, puis de faciliter une transition pacifique. La France apporte son appui au processus de sortie de crise bâti sur un gouvernement de réconciliation et des élections législatives anticipées.[2]

Dominique de Villepin effectue une visite en Angola le 19 juillet 2002. Il s'entretient avec le président angolais et son homologue angolais et visite le camp de Sambo à Huambo. Dominique de Villepin salue le retour à la paix, rappelle les défis de la réconciliation et de la reconstruction et exprime la disponibilité de la France à apporter une aide médicale et alimentaire et à contribuer au déminage. Dominique de Villepin

---

[1] S/RES/1417 (2002).
[2] Dominique de Villepin, *Mémoire de paix pour temps de guerre*, Grasset, 2016, p.420.

annonce la hausse de l'aide humanitaire et alimentaire, la réinstallation des personnes déplacées, le déminage et l'appui à la démocratie. Concernant l'affaire Falcone, il y a d'un côté une procédure judiciaire franco-française et de l'autre les relations franco-angolaises.

Le 20 juillet 2002, Dominique de Villepin se rend au Mozambique : il souligne l'exemplarité de la coopération dans le traitement de la dette et le contrat désendettement-développement de 30 millions d'euros. Le ministre réaffirme la participation de la France à la lutte contre le sida, à la coopération sanitaire, le renforcement de l'État de droit, l'aide à l'enseignement en français, et l'appui à la Cour des comptes.

Dominique de Villepin se rend au Burkina Faso le 21 juillet 2002, il souligne les relations d'amitié et de fidélité et rappelle la capacité des Africains à régler les conflits et à la rigueur et au développement. Le ministre français souligne l'importance de la coopération décentralisée et la réussite de la coopération dans le soutien à la démocratie et l'État de droit. La France soutient les réformes politiques et juridiques.

Dominique de Villepin effectue une visite officielle en Côte d'Ivoire le 21 juillet 2002. Il se recueille sur la tombe de Félix Houphouët-Boigny, encourage la politique de réconciliation nationale, et annonce une aide au développement de 183 millions d'euros.

Le Conseil de sécurité de l'ONU vote, le 22 juillet 2002, la résolution 1425 qui crée le Groupe d'experts chargé de surveiller le respect de l'embargo sur les armes en Somalie et l'arrêt de toute aide militaire à la Somalie.

Dominique de Villepin est auditionné le 25 juillet 2002 par la Commission des Affaires étrangères, de la Défense et des Forces armées du Sénat, il présente les enjeux de la politique de la France en Afrique. La France entend appréhender le continent dans sa globalité tout en confortant sa relation spéciale avec la « famille » francophone. Les objectifs de la

France sont : la résolution des conflits (et l'appui aux médiations africaines), la contribution aux processus de sortie de crise, le soutien aux processus de consolidation démocratique et la relance de l'aide publique au développement.

Le 26 juillet 2002, Paris organise la Conférence internationale des donateurs en faveur de Madagascar.

Le 6 août 2002, la France ratifie l'accord de coopération dans le domaine de la défense signé le 28 mai 1998 avec l'Afrique du Sud.

Les 14 et 15 août 2002, le ministre délégué à la Coopération et à la Francophonie, Pierre-André Wiltzer, représente la France à la cérémonie d'investiture du président congolais Denis Sassou-Nguesso à Brazzaville.

Le Conseil de sécurité de l'ONU adopte le 15 août 2002 la résolution 1433 qui autorise la création de la Mission des Nations Unies en Angola (MINUA) qui succédera au Bureau des Nations Unies en Angola pour consolider la paix.[1] La MINUA aura pour mission d'aider l'Angola à entreprendre des réformes politiques, lutter contre les mines, coordonner l'aide humanitaire, faciliter la réinsertion des militaires, et fournir une assistance électorale.

Dominique de Villepin participe à la réunion à huis clos du Conseil de sécurité de l'ONU sur la République démocratique du Congo le 13 septembre 2002 à New York. Il insiste pour que la MONUC dispose de tous les moyens d'agir dans l'Est de la RDC.

Le 16 septembre 2002 à New York, Dominique de Villepin fait une déclaration sur la mise en œuvre du NEPAD (Nouveau Partenariat pour le Développement de l'Afrique). Il déclare qu'il n'y a pas de paix sans développement et que le NEPAD

---

[1] S/RES/1433 (2002).

est une initiative extrêmement prometteuse. La France attend de ses amis africains qu'ils ciblent les objectifs prioritaires, qu'ils expliquent les mécanismes concrets mis en place et qu'ils définissent le rôle exact de l'Union africaine. Évoquant le Plan pour l'Afrique du G8, Dominique de Villepin annonce une augmentation de l'aide publique au développement de 50 % en cinq ans pour mettre en œuvre les engagements de Monterrey tout en mobilisant le secteur privé et en encourageant les investissements (initiative franco-britannique de Johannesburg).

Le 19 septembre 2002, un coup d'État militaire est déjoué de justesse à Abidjan. Ancienne colonie française indépendante en 1960, vitrine de la France en Afrique sous le long règne de Félix Houphouët-Boigny de 1960 à décembre 1993, la Côte d'Ivoire connaît après la disparition du leader charismatique de nombreuses difficultés économiques qui se sont transformées en crise sociopolitique. En décembre 1999, un coup d'État militaire renverse Henri Konan Bédié pour porter au pouvoir le général Robert Gueï, ancien chef d'état-major. Les nouveaux dirigeants d'Abidjan acceptent d'organiser une élection présidentielle, celle-ci se déroule en octobre 2000 dans la confusion et voit la victoire de Laurent Gbagbo, le socialiste. La vie politique ivoirienne de l'époque se focalise sur le concept d'ivoirité et d'identité ivoirienne, pour barrer la route à Alassane Ouattara, ancien Premier ministre, ancien Directeur du FMI, qui aurait des origines burkinabè.

La nouvelle Constitution de juillet 2000 adopte le concept d'ivoirité, dans un pays qui compte 26 % d'étrangers, renforçant l'exclusion. Mal élu, réussissant in extremis à venir à bout d'une tentative de coup d'État en janvier 2001, Laurent Gbagbo cherche à consolider sa situation. En octobre 2001, il réunit un forum pour la réconciliation nationale auquel Alassane Ouattara prend part. Un gouvernement d'union est constitué en août 2002.

C'est alors qu'un coup d'État militaire préparé et réalisé à partir de Ouagadougou au Burkina Faso a lieu le 19 septembre 2002 : l'objectif des forces rebelles armées est de prendre

Abidjan, le général Gueï est assassiné et Alassane Ouattara se réfugie aux ambassades d'Allemagne et de France. Les forces militaires françaises présentes sur place et des renforts de l'Opération « Licorne » (officiellement pour protéger les ressortissants) s'interposent à partir du 26 septembre 2002 entre les troupes fidèles à Laurent Gbagbo et celles qui lui sont opposées. Les forces armées du Nord, appelées « Forces nouvelles » avec Bouaké comme chef-lieu, ont un territoire contrôlé et une légitimité des armes.

Jacques Chirac, le président français, a pris, le 21 septembre 2002, la décision d'engager militairement la France en Côte d'Ivoire. Selon le général Bentégeat, Jacques Chirac *« est l'homme de la transition : de la défense du pré carré vers une politique toujours solidaire, mais élargie au-delà du cercle francophone et largement coordonnée avec les organisations internationales ».*[1] La Côte d'Ivoire est un pays clé pour la France : stock d'investissements de 3 milliards d'euros, base militaire permanente, vaste réseau de coopération, plus forte communauté expatriée d'Afrique subsaharienne.

Du 21 au 23 septembre 2002, Dominique de Villepin visite le Burundi, la Tanzanie et le Rwanda. Au Burundi, il annonce l'envoi d'une mission financière et la conclusion d'un accord avec le FMI. Au Rwanda, il se félicite du retrait des troupes rwandaises de RDC et des engagements du Congo en matière de démobilisation et de désarmement des ex-Far et des Interahamwe.

Le 27 septembre 2002, les troupes françaises achèvent l'évacuation de 2500 ressortissants étrangers de Bouaké. La France soutient Laurent Gbagbo et le presse d'adopter une attitude conciliante avec les mutins. La France encourage la tenue d'un sommet régional de la CEDEAO pour résoudre la crise ivoirienne. Le 30 septembre 2002, la France décide

---

[1]Benoit Roux, *Le déclenchement de l'opération Licorne en Côte d'Ivoire en 2002-2003 : le début d'une nouvelle période dans le rapport singulier de la France avec l'Afrique ?* p. 103-115, in Michel Catala (sous la direction), L'Europe et l'Afrique, Presses universitaires de Rennes, 2025.

d'installer un état-major tactique sur place pour coordonner les relations avec les forces loyalistes ivoiriennes et rendre effectif le soutien logistique décidé à Paris.

En réponse à une question d'actualité à l'Assemblée nationale sur la Côte d'Ivoire, le 1er octobre 2002, Dominique de Villepin énumère les causes de la crise : pression démographique au Nord, libre circulation des hommes, des soldats, des armes et des capitaux. Les objectifs de la France sont : la sécurité des ressortissants français et étrangers ; l'unité et la souveraineté du pays et la stabilité de la région ; l'appui à la médiation africaine. Trois grands principes guident le règlement de la crise : l'esprit de responsabilité, la solidarité et l'intensification de la présence et de l'action de la France.

En réponse à une question d'actualité au Sénat sur la situation en Côte d'Ivoire, le 3 octobre 2002, Dominique de Villepin détaille les objectifs de la France : défendre l'unité et la souveraineté de ce pays, soutenir le gouvernement légitime démocratiquement élu et appuyer la médiation africaine. Seule une politique de réconciliation permettra de régler le conflit. Pour Dominique de Villepin, le dispositif militaire restera sur place pour sécuriser les 25 000 ressortissants français. Les communautés françaises feront l'objet, dans le budget 2003, d'un soin très particulier dans le domaine de l'éducation, de la protection sociale et de l'emploi.

Le 17 octobre 2002 un cessez-le-feu est signé entre les protagonistes du conflit ivoirien, mais personne ne voit comment sortir de la crise. En novembre 2002, Dominique de Villepin se rend en Côte d'Ivoire, au Burkina Faso et au Mali.

Dominique de Villepin se rend à Abidjan le 27 novembre 2002 en compagnie de sa conseillère Afrique Nathalie Delapalme. Alassane Ouattara est exfiltré de l'Ambassade de France vers Libreville et l'Ambassadeur de France Renaud Vignal, dont les relations avec Laurent Gbagbo étaient devenues détestables, est rappelé.

Le Conseil de sécurité de l'ONU adopte le 4 décembre 2002 la résolution 1445 qui se félicite de l'annonce du retrait des troupes étrangères de RDC, se déclare préoccupé par la situation en Ituri et soutient l'organisation d'une conférence internationale sur la paix, la sécurité, la démocratie et le développement dans les Grands Lacs.[1]

Le 11 décembre 2002, la France dépêche de nouveaux renforts en Côte d'Ivoire, portant à 2000 hommes l'opération Licorne pour sécuriser le cessez-le-feu.

Le 16 décembre 2002, Dominique de Villepin accorde une interview à La Croix. L'objectif de la France est la recherche de la paix et de la réconciliation en Côte d'Ivoire, le soutien aux autorités légitimes, l'intégrité du territoire et la souveraineté et le respect des droits de l'homme. Les soldats français sont là pour faire respecter le cessez-le-feu et pour protéger les 20 000 ressortissants. La France est prête à organiser une table ronde en France, elle est l'un des chefs de file pour le règlement des crises et l'aide au développement. Dominique de Villepin justifie le rappel de l'Ambassadeur Renaud Vignal par la très vive cristallisation autour de sa personne et des menaces graves contre lui.

Dominique de Villepin effectue une visite en Côte d'Ivoire les 3 et 4 janvier 2003, il rencontre l'ensemble des forces politiques ivoiriennes à Abidjan et les rebelles à Bouaké. La France propose de tenir à Paris à partir du 15 janvier 2003 une table ronde, sous l'égide de la CEDEAO, de l'ONU et de l'Union africaine, pour un règlement politique des questions difficiles. Dominique de Villepin appelle les mercenaires à quitter la Côte d'Ivoire. À Abidjan, le 3 janvier 2003, Dominique de Villepin est pris à partie par des manifestants pro-Gbagbo et bloqué pendant une heure. Laurent Gbagbo doit intervenir pour calmer les manifestants anti-français qui s'opposent à la visite programmée de Villepin à Bouaké.

[1] S/RES/1445 (2002).

Gbagbo raccompagne Villepin jusqu'à l'entrée de l'Ambassade de France.[1]

Laurent Gbagbo est en colère contre la France qui a permis aux rebelles de bénéficier d'un territoire contrôlé au mépris des règles de soutien aux autorités élues. Vitrine de la France en Afrique et locomotive économique de l'Afrique de l'Ouest, la Côte d'Ivoire a une importance de premier plan pour la France. Toute déstabilisation de ce pays aurait des conséquences imprévisibles pour toute l'Afrique francophone et pour les intérêts économiques et commerciaux français dans cette partie du monde.

Dominique de Villepin ouvre le 15 janvier 2003 à Paris (Centre de conférences internationales) la Table ronde ivoirienne, dont les séances de travail seront présidées par Pierre Mazeaud. Dominique de Villepin lance quelques pistes de réflexion : clarifier le débat sur le concept d'ivoirité, régime foncier, questions de nationalité et de naturalisation.

Les accords de Linas-Marcoussis menés sous les auspices de Pierre Mazeaud après des négociations difficiles, indirectes et séparées, prévoyaient : un gouvernement d'union, une force d'interposition, la démobilisation et le désarmement des forces armées, une révision constitutionnelle sur les conditions de nationalité.

Le 17 janvier 2003, le ministre délégué à la Coopération et à la Francophonie, Pierre-André Wiltzer, effectue une visite en Éthiopie.

Le Premier ministre ivoirien, Affi N'Guessan, et le Président ivoirien Laurent Gbagbo se rendent en France, les 21 et 23 janvier 2003.

---

[1] Jean Saint-Iran, *Villepin vu du Quai Les cent semaines*, Éditions Privé, 2005, p.69.

Le 24 janvier 2003 au soir, lorsque les accords de Marcoussis sont connus (Premier ministre de conciliation, ministères de l'Intérieur et de la Défense aux rebelles), Abidjan s'embrase et s'en prend à tout ce qui représente la France. Sur le dossier ivoirien, la France a pris le risque de déplaire à un président démocratiquement élu et à la population loyaliste. La population française de Côte d'Ivoire a été réduite et l'influence française battue en brèche.

En janvier 2003, la France introduit une résolution au Conseil de sécurité de l'ONU qui prévoit pour la première fois des sanctions contre les parties qui continueraient d'enrôler des enfants-soldats.[1]

Le Conseil de sécurité de l'ONU adopte le 24 janvier 2003 la résolution 1457 qui condamne catégoriquement l'exploitation illégale des ressources naturelles de la République démocratique du Congo et confère un mandat élargi au Groupe de l'ONU constitué à ce sujet.[2]

Le Secrétaire d'État aux Affaires étrangères Renaud Muselier effectue une visite au Botswana le 24 janvier 2003.

Une conférence des chefs d'État sur la Côte d'Ivoire se tient à Paris le 25 janvier 2003, pour témoigner à ce pays la solidarité et lui permettre de retrouver les voies de la réconciliation, de la paix civile et du redressement. « Le conflit depuis septembre 2002 fait peser les plus graves dangers sur l'avenir du pays », estime Jacques Chirac. Le 26 janvier 2003, la population d'Abidjan, hostile aux accords de Linas-Marcoussis, saccage l'Ambassade de France, le Collège Jean Mermoz, le Centre culturel français, et le siège d'Air France. L'armée française retranchée à Abidjan est harcelée.

---

[1] Jean-Marc De La Sablière, *Dans les coulisses du monde*, Robert Laffont, 2013, ebook.
[2] S/RES/1457 (2003).

À l'Assemblée nationale, le 29 janvier 2003, Dominique de Villepin revient sur les manifestations violentes en Côte d'Ivoire qui ont fait des dégâts matériels importants, à la chancellerie, au Centre culturel et dans les écoles françaises. Les autorités françaises sont en contact avec le président Gbagbo et les responsables ivoiriens pour que chacun prenne sa part de responsabilité pour expliquer les accords à chacune des parties, et en particulier aux extrémistes.

Selon « L'Express », le 2 février 2003, le ton est monté entre Jacques Chirac et Dominique de Villepin au sujet de la crise ivoirienne. Le Président veut que l'on apaise Laurent Gbagbo, alors que Villepin a choisi la fermeté, parlant de « tordre le cou » à Gbagbo. « L'Express » décrit Villepin comme « l'homme malade du gouvernement... incarnant jusqu'à la caricature les splendeurs et les misères de la théorie du mouvement ». [1] Dominique de Villepin aurait proposé sa démission à Jacques Chirac, qui fut refusée.[2]

Dans une réponse à l'Assemblée nationale, le 4 février 2003, Dominique de Villepin déclare que Marcoussis n'est pas le choix de la France, c'est le choix des Ivoiriens. C'est le prix de la réconciliation, de l'intégrité territoriale et du désarmement des rebelles. *« A-t-on le droit de parler d'un échec de la France, quand la France prend le risque de la paix et de la réconciliation ? »* a lancé Dominique de Villepin aux socialistes qui ont évoqué un « échec » en Côte d'Ivoire (échec total pour François Hollande, échec très grave pour Laurent Fabius, échec formidable pour Dominique Strauss-Kahn qui ironisait sur *« la diplomatie menée cheveux au vent du haut de la colline »*).[3]

---

[1]Christophe Barbier, Vincent Hugeux, Éric Mandonnet, « *Villepin le fébrile* », L'EXPRESS, 6 février 2003.

[2] Nadine Tournayre, *Dominique de Villepin et le monde visions et pratiques d'une politique étrangère*, Doctorat d'histoire, 24 juin 2009, Université Sorbonne Nouvelle Paris III, p.535.

[3] Stephen Smith, *La politique d'engagement de la France à l'épreuve de la Côte d'Ivoire*, Politique africaine, 2003/1 n°89, pp. 112-126.

Le Conseil de sécurité de l'ONU adopte le 4 février 2003 la résolution 1464 qui endosse les accords de Linas-Marcoussis, marque l'appui de l'ONU à ces accords et appelle les États membres à appuyer la force de la CEDEAO en Côte d'Ivoire.[1] Le 5 février 2003, la France envoie 250 soldats supplémentaires en Côte d'Ivoire.

Au Sénat, le 13 février 2003, Dominique de Villepin déclare que la France a respecté sa signature en Côte d'Ivoire pour éviter une catastrophe humanitaire, une guerre civile et une guerre régionale.

Face au risque d'une guerre civile aux racines profondes et aux ramifications régionales nombreuses, Jacques Chirac et Dominique de Villepin partageaient la conviction qu'une solution militaire devait être évitée. Il s'agissait de donner les moyens au président ivoirien d'organiser un processus politique de réconciliation des forces en trouvant une place pour chacun, avec l'appui des pays voisins. Pour Dominique de Villepin, la crise ivoirienne fut l'une des plus complexes auxquelles il a été confronté du fait des liens d'amitié étroits et anciens entre les deux pays, l'importance de la communauté française (de l'ordre de 30,000 personnes) et le rôle majeur des entreprises françaises qui représentent le tiers de la production nationale et la moitié des ressources de l'État. Jacques Chirac estima qu'il était du devoir de la France d'intervenir pour éviter le pire. La force Licorne, en liaison avec la MICECI (mission de la CEDEAO), fut envoyée pour établir une zone de confiance entre Nord et Sud. La France assuma une position inconfortable d'interposition qui la soumettait de tous côtés aux accusations de duplicité.[2]

La France mobilisa la communauté internationale en faveur d'une médiation : CEDEAO, Union africaine, Libreville, Accra,

---

[1] S/RES/1464 (2003).

[2] Dominique de Villepin, *Mémoire de paix pour temps de guerre*, Grasset, 2016, pp. 15, 296-303.

Pretoria, Ouagadougou. La France, soucieuse de ne pas rester en première ligne, saisit le Conseil de sécurité.

Du 16 au 25 février 2003, le ministre délégué à la Coopération et la Francophonie Pierre-André Wiltzer visite la République centrafricaine, le Burkina Faso, et la République démocratique du Congo.

La 22e Conférence des Chefs d'État d'Afrique et de France se tient à Paris les 20 et 21 février 2003, en présence des représentants de 52 États, dont 42 au niveau de chef d'État ou de gouvernement. Le président du Zimbabwe, Robert Mugabe, ostracisé par les États-Unis et le Royaume-Uni, y prend part. Le 22 février 2003, une forte tension oppose la France au gouvernement ivoirien suite aux propos de Jacques Chirac sur les « escadrons de la mort » de l'armée ivoirienne.

Le ministre des Affaires étrangères de Guinée, Fall, effectue, le 25 février 2003, une visite de travail en France.

Le 17 mars 2003, en Centrafrique, un coup d'État sanglant de François Bozizé chasse du pouvoir Ange-Félix Patassé, la France envoie 300 soldats pour évacuer les ressortissants étrangers.

Le Conseil de sécurité de l'ONU adopte le 18 mars 2003 la résolution 1467 qui adopte la déclaration sur « La prolifération des armes légères et de petit calibre et mercenariat : menaces à la paix et à la sécurité en Afrique de l'Ouest ».[1]

Du 27 au 30 mars 2003, le ministre délégué à la Coopération et à la Francophonie Pierre-André Wiltzer visite le Botswana. Le 25 avril 2003, la ministre sud-africaine des Affaires étrangères, Mme Dlamini-Zuma, effectue une visite en France. Pierre-André Wiltzer visite le Congo-Brazzaville les 25 et 26 avril 2003.

---

[1] S/RES/1467 (2003).

Dominique de Villepin s'entretient le 5 mai 2003 à Paris avec son homologue de l'Ouganda qui effectue une visite officielle en France.

Du 6 au 11 mai 2003, le Premier ministre de la Centrafrique effectue une visite officielle en France.

Le Conseil de sécurité de l'ONU adopte le 13 mai 2003 la résolution 1479 qui crée la MINUCI (Mission des Nations Unies en Côte d'Ivoire), chargée de faciliter la mise en œuvre des Accords de Linas-Marcoussis. [1] Un gouvernement de réconciliation nationale est formé en Côte d'Ivoire.

Laurent Gbagbo, tout en affichant sa bonne volonté et sa disponibilité à avancer, mettait en scène de fortes résistances en s'abritant derrière ses partisans. Laurent Gbagbo cibla la France comme partie prenante du conflit afin de mobiliser les ultras du régime, notamment réunis autour des Jeunes patriotes.

Du 15 au 17 mai 2003, le ministre des Affaires étrangères des Comores effectue une visite en France.

Le 17 mai 2003, la France décide d'envoyer 200 soldats à Bunia dans l'Est de la RDC pour renforcer la MONUC.

Les 28 et 29 mai 2003, le ministre délégué à la Coopération et à la Francophonie, Pierre-André Wiltzer, effectue une visite au Gabon.

Le Conseil de sécurité de l'ONU adopte le 30 mai 2003 la résolution 1484, d'inspiration française, qui autorise, en vertu du Chapitre VII, le déploiement jusqu'au 1er septembre 2003 d'une force multinationale intérimaire d'urgence à Bunia en coordination étroite avec la MONUC, pour établir la sécurité et améliorer la situation humanitaire.[2]

---

[1] S/RES/1479 (2003).
[2] S/RES/1484 (2003).

Le 5 juin 2003, l'Union européenne entérine sa participation à la force de paix « Artémis » composée de 1500 soldats et placée sous commandement français dans la région de Bunia (Est de la RDC). Il s'agit de la première opération militaire européenne en Afrique. Les pays participants sont, outre la France : l'Allemagne, la Belgique, la Norvège, le Portugal, le Royaume-Uni, la Suède ainsi que l'Afrique du Sud et le Canada. La force européenne passera le relais à la MONUC le 1er septembre 2003.

Le 9 juin 2003, la Marine nationale française évacue les ressortissants français de Monrovia (Libéria) suite à des affrontements armés.

À l'Institut des hautes études de la Défense nationale, Dominique de Villepin prononce un discours le 13 juin 2003 au 4e Forum international sur le continent africain. Il évoque les conflits ancestraux (lutte pour le partage de la terre et de l'eau, antagonismes ethniques et religieux) et les menaces nouvelles (exploitation parallèle, fondamentalismes, terrorisme, bandes armées). Trois principes fondent l'action française : légitimité du pouvoir, respect de la souveraineté et de l'intégrité territoriale, l'appui systématique aux médiations africaines. La France est déterminée à agir : 4000 hommes en Côte d'Ivoire, 300 à Bangui, 1500 à Bunia, formation, équipement et financement des forces militaires régionales. L'objectif en Côte d'Ivoire est d'éviter la guerre civile et le désastre humanitaire, de conforter un processus de réconciliation et de s'inscrire dans un schéma régional ou multilatéral. La France soutient la restructuration des forces armées, la réinsertion des rebelles, des enfants-soldats et des populations déplacées et réfugiées. Le but de la France en matière d'aide publique au développement est d'atteindre 0,7 % du PIB à l'horizon 2012.

Dans une déclaration à l'Assemblée nationale, le 18 juin 2003, Dominique de Villepin annonce que l'engagement de la France en Afrique repose sur l'urgence des situations, l'exigence de légitimité concernant l'accession et l'exercice du pouvoir, la défense de la souveraineté, l'intégrité territoriale et la stabilité régionale et l'appui aux médiations africaines. L'Afrique est une chance, elle élargit l'horizon et l'ambition de la France.

Le ministre des Affaires étrangères du Burkina Faso effectue une visite de travail en France le 24 juin 2003. Le Président des Comores, Assoumani Azzali, effectue une visite officielle en France les 24 et 25 juin 2003.

Les 26 et 27 juin 2003, Dominique de Villepin effectue une visite officielle en Afrique du Sud. Il rencontre le président Mbeki, Nelson Mandela, des personnalités politiques, des parlementaires, des intellectuels, des artistes, des représentants religieux, des représentants des ONG, des hommes d'affaires et visite un township. Il souhaite renforcer le partenariat franco-sud-africain pour la paix et le développement en Afrique et propose un moratoire sur les subventions agricoles. La France soutient l'idée de force panafricaine de maintien de la paix.

Dominique de Villepin prononce une déclaration devant le Parlement sud-africain au Cap : il salue le rôle pionnier de l'Afrique du Sud en Afrique et ses propositions pour répondre aux défis de la mondialisation, de la démocratie et du développement.

Dominique de Villepin se rend en visite officielle au Ghana le 27 juin 2003 ; il est reçu par le président John Kufuor et déclare soutenir les médiations africaines au Liberia.

Du 28 juillet au 3 août 2003, le Premier ministre ivoirien, Seydou Diarra, effectue une visite officielle en France.

Dominique de Villepin se rend en visite au Gabon (28 juillet 2003) et au Congo-Brazzaville (29 juillet 2003) et s'entretient avec les présidents Omar Bongo et Denis Sassou-Nguesso (ce dernier exerce la double présidence de la CEMAC et de la CEEAC). Le 30 juillet 2003, le ministre des Affaires étrangères d'Angola visite la France.

Dans une interview au journal centrafricain Le Citoyen le 30 juillet 2003 à Bangui, Dominique de Villepin confirme l'engagement de la France aux côtés de la Centrafrique et de la CEMAC et appelle à avancer sur la voie de l'assainissement économique et du dialogue national, avec l'impératif du recours à la sécurité. La France contribuera à la formation et à l'équipement des forces centrafricaines.

Le Conseil de sécurité de l'ONU adopte le 1er août 2003 la résolution 1497 qui autorise la mise en place d'une force multinationale au Liberia pour appuyer la mise en œuvre de l'accord de cessez-le-feu du 17 juin 2003.[1] En août 2003, les Américains et les Français conseillent au seigneur de guerre Charles Taylor, confronté à une guerre civile, de quitter le pays pour un exil au Nigeria.

Le 26 août 2003, la France fait échouer une tentative de coup d'État préparée en France contre le gouvernement ivoirien et arrête plusieurs militaires ivoiriens.

Le président du Tchad Idriss Déby, en visite à Paris le 17 septembre 2003, s'entretient avec Dominique de Villepin qui rappelle que le Tchad, carrefour millénaire entre le monde arabo-musulman et l'Afrique noire, joue un grand rôle en faveur de la stabilité régionale. Dominique de Villepin évoque l'initiative commerciale en faveur des agriculteurs africains.

Le 19 septembre 2003, le Conseil de sécurité de l'ONU crée en vertu de la résolution 1509 la MINUL (Mission des Nations Unies au Liberia).[2]

Le président français Jacques Chirac effectue des visites d'État au Niger (22-23 octobre 2003) et au Mali (24-25 octobre 2003). La France propose un plan d'action en faveur du secteur cotonnier en Afrique et la création d'une fondation pour l'agriculture et le développement rural dans le monde. Le 23

---

[1] S/RES/1497 (2003).
[2] S/RES/1509 (2003).

octobre 2003, le journaliste français, Jean Hélène, est assassiné à Abidjan.

Le 28 octobre 2003, Dominique de Villepin publie dans Libération la tribune « Côte d'Ivoire : pour un sursaut ». Il rappelle que depuis des mois, la France s'emploie à rapprocher les points de vue, surmonter les peurs, dissiper les arrière-pensées, sans esprit d'ingérence ni volonté d'imposer une solution. L'objectif de Marcoussis est clair : restaurer l'intégrité territoriale, la réconciliation nationale et les élections transparentes et crédibles en 2005. Le gouvernement ivoirien doit regrouper les forces militaires, réformer le droit foncier et la loi électorale et assurer l'unité du territoire.

Le président d'Afrique du Sud Thabo Mbeki effectue une visite d'État en France du 17 au 19 novembre 2003. La France veut être le meilleur allié de Pretoria dans le combat pour la « Renaissance africaine » et une mondialisation plus juste et solidaire.

Dominique de Villepin s'entretient le 21 novembre 2003 pendant deux heures à Libreville (Gabon) avec le président ivoirien Laurent Gbagbo, pour désamorcer les tensions.

Du 1er au 3 décembre 2003, des manifestations anti-françaises se déroulent à Abidjan devant la base militaire française.

Du 3 au 7 décembre 2003, le président du Congo-Brazzaville, Denis Sassou-Nguesso, effectue une visite d'État en France. Du 5 au 6 décembre 2003, le ministre délégué à la Coopération et à la Francophonie Pierre-André Wiltzer visite le Cameroun. Le 8 décembre 2003, le président gabonais Omar Bongo se rend en France.

Dans une interview à Marchés Tropicaux en date du 26 décembre 2003, Dominique de Villepin déclare que la France a une vision volontariste, exigeante et veut s'impliquer avec détermination au service de la paix et du développement de l'Afrique. L'Afrique représente un immense réservoir de richesses matérielles et immatérielles. Les liens qui attachent la France à la famille francophone et fondés sur la mémoire, la fidélité et l'amitié, sont indéfectibles. La France condamne le recours à la force et suit les processus de transition en Centrafrique, en Guinée-Bissau et au Liberia. La France s'adresse à l'ensemble du continent (appui au NEPAD, Fonds européen de développement, Fonds mondial pour le sida) et il n'y a pas de développement efficace sans gestion des conflits, sans promotion de la diversité culturelle, sans régulation des transactions financières.

Dominique de Villepin est auditionné le 22 janvier 2004 devant la Commission des Affaires étrangères du Sénat. Il rappelle les principes qui guident la France dans la gestion des conflits africains : respect de la légitimité du pouvoir, défense de la souveraineté de l'État et de l'intégrité du territoire national, souci de la stabilité régionale, refus de l'unilatéralisme. Dominique de Villepin évoque Madagascar, la Côte d'Ivoire, la Centrafrique, les Comores (réunion à Paris des bailleurs de fonds le 21 janvier 2004), le processus de paix dans les Grands Lacs et la Corne de l'Afrique (Soudan, Tchad, Érythrée-Éthiopie, Somalie).

Dominique de Villepin se rend à Abidjan le 1er février 2004 et salue les avancées du processus de paix. Le président ivoirien Laurent Gbagbo se rend en France le 5 février 2004.

Dominique de Villepin participe le 6 février 2004 à New York à la Conférence internationale sur la reconstruction du Liberia à l'ONU. Il soutient le rôle-clé des États-Unis en Sierra Leone, au Liberia et en Côte d'Ivoire et annonce une aide française de 25 millions d'euros pour la reconstruction du Liberia.

Dominique de Villepin se rend au Tchad (N'Djamena et Abéché) le 19 février 2004 et effectue une visite au Soudan le 20 février 2004, qui est la première visite d'un chef de la diplomatie française dans ce pays. Il déclare que le Soudan est un partenaire important pour la France et évoque la situation humanitaire difficile au Darfour. Sa visite a pour objectif d'ouvrir le Darfour à l'aide humanitaire. Un émissaire français, M. De Coignac, est accrédité dans le cadre des négociations de paix du Sud-Soudan.

Dominique de Villepin est le premier des ministres européens à se rendre au camp de réfugiés de Forchana en février 2004 au Darfour, exemple d'une mobilisation médiatique hors du commun tant le sort des populations du Darfour était tragique.[1]

Du 19 au 21 février 2004, le président burkinabé Blaise Compaoré effectue une visite officielle en France.

Le Conseil de sécurité de l'ONU vote, le 27 février 2004, la résolution 1528 qui crée l'ONUCI (Opération des Nations Unies en Côte d'Ivoire) avec un mandat de 12 mois à compter du 4 avril. L'ONUCI comprendra 6240 militaires (200 observateurs, 120 officiers d'état-major) et 350 membres de la police civile. Elle aura pour missions : l'observation du cessez-le-feu et des mouvements de groupes armés (Forces armées nationales FANCI, Forces nouvelles), le désarmement, la démobilisation, la réinsertion, le rapatriement et la réinstallation des forces nouvelles, la protection du personnel de l'ONU, l'appui humanitaire, l'appui à la mise en œuvre du processus de paix, l'assistance dans les Droits de l'homme et l'aide au rétablissement de l'ordre public (ordre policier, justice...).

La résolution 1528 réaffirme le rôle du gouvernement de réconciliation nationale dans le désarmement et la démobilisation, elle autorise les forces françaises pour 12 mois (à compter du 4 avril 2004) à utiliser tous les moyens nécessaires pour soutenir ONUCI.[2]

---

[1] Dominique de Villepin, *Mémoire de paix pour temps de guerre*, Grasset, 2016, p. 339.
[2] S/RES/1528 (2004).

Le 16 mars 2004, le président du Rwanda, Paul Kagame, accuse la France d'avoir été liée au génocide de 1994. Il déclare que des soldats français ont donné des ordres et des instructions aux Hutus génocidaires. Dominique de Villepin juge, le 18 mars 2004, particulièrement déplacée la polémique sur le rôle de la France au Rwanda en 1994.

Le 25 mars 2004, Dominique de Villepin publie la tribune « Rwanda : les leçons du génocide ». La communauté internationale n'a pas su se rassembler pour mettre en œuvre une diplomatie préventive efficace, ne prenant conscience que trop tardivement de la gravité des faits ; la France a fait le choix de l'intervention humanitaire et le travail de vérité doit rester vivant. L'expérience du Rwanda appelle des exigences : la prévention, le renforcement des instruments d'alerte précoce, le refus de l'impunité et le rassemblement de tous les acteurs, ainsi que la mobilisation de l'ONU et des acteurs régionaux. Dominique de Villepin propose une méthode de traitement des crises : cessez-le-feu, dialogue politique, gouvernement de transition, élections, déploiement d'une force internationale mandatée par l'ONU, mobilisation des bailleurs de fonds pour la consolidation des institutions, le rétablissement de la paix, les services publics, les réfugiés et déplacés et la réinsertion des rebelles. Dominique de Villepin propose de transformer le Conseil de tutelle de l'ONU en Conseil de paix et d'appui à la reconstruction.

Le 26 mars 2004, les affrontements entre les forces gouvernementales et l'opposition en Côte d'Ivoire font 120 morts.

Le 29 mars 2004, Dominique de Villepin condamne fermement les très graves incidents à Abidjan. Il revient aux autorités ivoiriennes d'assurer la protection et le respect des civils, le retour au calme et le maintien d'un État de droit, et à l'ensemble des responsables politiques de réaffirmer leur engagement en faveur de la réconciliation nationale.

Doublement soucieuse de partager le « fardeau de l'homme blanc » et de se prémunir contre les accusations de néocolonialisme, la France jouerait désormais une nouvelle partition en Afrique, celle d'une ingérence ointe du saint sacrement multilatéral, onusien, africain ou européen.[1]

Pour Jacques Chirac, si la France doit intervenir en faveur d'une pacification du pays, ce ne saurait être ni de sa propre initiative ni même à la demande expresse d'un chef d'État, mais avec l'accord du Conseil de sécurité et sous le seul mandat de l'ONU.[2]

Les Amériques

Le président américain George W. Bush effectue un déplacement en France les 26 et 27 mai 2002 et célèbre à Sainte-Mère-Église l'amitié franco-américaine.

Le 2 juillet 2002, le président de Colombie, Álvaro Uribe, effectue une visite officielle en France. Il souhaite une aide pour la création d'une police rurale, et des actions pour lutter contre le trafic de drogue, le trafic d'armes, et le blanchiment d'argent.

Dominique de Villepin effectue une visite officielle aux États-Unis les 10 et 11 juillet 2002. Il s'entretient avec le vice-président Dick Cheney, la conseillère pour la sécurité nationale Condoleeza Rice et le secrétaire d'État Colin Powell. Pour Dominique de Villepin, ce qui menace n'est pas tant l'excès de puissance que le vide de la puissance. Américains et Français discutent de l'environnement, de la solidarité internationale, du dialogue Nord-Sud, des normes du droit, des problèmes éthiques, du terrorisme et de la prolifération.

Le 14 juillet 2002, les cadets de l'école militaire américaine de West Point, qui fêtent leur bicentenaire, et les pompiers de

---

[1] Christian Lequesne, Maurice Vaïsse (sous la direction), *La politique étrangère de Jacques Chirac*, Riveneuve Éditions, 2013, p.195.
[2] Jacques Chirac, *Le temps présidentiel Mémoires* 2, Nil Éditions, 2011, p.426.

New York, participent au défilé traditionnel du 14 juillet à Paris.

Les 4 et 5 août 2002, le Secrétaire d'État aux Affaires étrangères Renaud Muselier effectue une visite officielle en Argentine. Les firmes françaises sont responsables de 80 % de la distribution d'eau et de 60 % de la distribution d'électricité en Argentine. Les 7 et 8 août 2002, Renaud Muselier visite la Colombie et la Bolivie.

Le président du Mexique, Vicente Fox Quesada, effectue une visite officielle en France, les 14 et 15 novembre 2002. Les deux pays rejettent tout unilateralisme dans la gestion des crises internationales.

Dominique de Villepin effectue une visite officielle en Colombie le 29 novembre 2002. Soulignant les défis de la démocratie et de l'économie en Amérique latine, il déclare que la France et l'Europe croient en cette région et soutiennent la cohésion régionale et l'amélioration de l'accès de tous à la santé et l'éducation car l'Europe et l'Amérique latine partagent une même vision du rôle de l'État dans la régulation économique et financière et les rapports sociaux. Dominique de Villepin appelle à réformer l'architecture financière internationale, à conclure l'accord d'association entre l'Union européenne et le MERCOSUR et défend l'idée d'une Convention sur la diversité culturelle. S'agissant du conflit intérieur en Colombie, il n'y a pas de solution durable par les armes et la France est solidaire avec la Colombie, elle est prête à contribuer à un échange humanitaire des otages.

Le 28 janvier 2003, le président brésilien, Lula da Silva, effectue une visite officielle en France.

Du 5 au 7 février 2003, Pierre-André Wiltzer, ministre délégué à la Coopération et à la Francophonie, effectue une visite à Cuba. Les 13 et 14 mars 2003, le Secrétaire d'État aux Affaires étrangères Renaud Muselier effectue une visite au Brésil.

Le ministre brésilien des Affaires étrangères, Celsio Amorim, effectue une visite officielle en France le 2 avril 2003. Dominique de Villepin déclare que la France est prête à développer sa coopération dans les domaines de la modernisation de l'État, de l'intégration régionale, de la formation des hauts fonctionnaires, de la politique de la ville, de l'agriculture familiale et des technologies de pointe. La France envisage très favorablement la candidature brésilienne à un siège de membre permanent au Conseil de sécurité de l'ONU.

Le 29 avril 2003, le ministre des Affaires étrangères du Mexique a effectué une visite en France.

Dans une réponse à un parlementaire à l'Assemblée nationale sur la situation des droits de l'homme à Cuba (7 mai 2003), Dominique de Villepin déclare que les contacts avec Cuba ont été réduits et que les négociations de coopération entre Cuba et l'Union européenne ont été suspendues.

En dépit des malentendus transatlantiques sur l'Irak, les États-Unis et la France coopèrent sur un certain nombre de dossiers internationaux. Lors du sommet de l'OTAN à Prague, le 21 novembre 2002, les Français se résignent à voir l'OTAN autorisée à agir dans la zone « hors traité » (Afghanistan) et intègrent la Force de réaction rapide au sein de l'organisation alliée. Un organisme de coordination antiterroriste internationale, la Base Alliance, installé fin 2002 sur le territoire français et à Évian, en juin 2003, Chirac décide d'envoyer 300 hommes des forces spéciales en Afghanistan sous la direction américaine.[1] Le 15 mai 2003, l'Ambassadeur de France à Washington Jean-David Lévitte, en pleine campagne médiatique francophobe à cause de l'Irak, a publié une lettre ouverte en Une du « Washington Post », contre la « campagne de désinformation » visant la France.

[1] Christian Lequesne, Maurice Vaïsse (sous la direction), *La politique étrangère de Jacques Chirac*, Riveneuve éditions, 2013, pp. 134, 148, 150.

Le président Chirac est l'hôte en juin 2003 à Évian du sommet du G8 qui rassemble les grands dirigeants du monde. Pour la première fois sont conviés les dirigeants de Chine, d'Inde, du Brésil, du Mexique, d'Arabie saoudite, de Malaisie, du Maroc, d'Égypte, d'Algérie, du Nigeria, du Sénégal et d'Afrique du Sud. Le Sommet sera l'occasion des retrouvailles entre Jacques Chirac et le président américain George W. Bush et constituera le premier déplacement à l'étranger du nouveau président chinois Hu Jintao.

Du 4 au 5 juin 2003, Renaud Muselier, secrétaire d'État aux Affaires étrangères, a effectué une visite au Chili. Les 6 et 7 juin 2003, Renaud Muselier se rend en Équateur et au Pérou. Du 30 juin au 1er juillet 2003, la ministre des Affaires étrangères du Chili a effectué une visite en France.

La 3e Commission générale franco-brésilienne se réunit à Paris les 7 et 8 juillet 2003 en présence de Dominique de Villepin et de Celso Amorim. Le Brésil et la France doivent jouer un rôle moteur dans la construction de l'espace euro-latino-américain. Le Procès-verbal énonce que la France et le Brésil défendent la vision commune d'un monde multipolaire et sont attachés à la gestion multilatérale des grands problèmes internationaux ; le partenariat stratégique entre l'Amérique latine et l'Union européenne est réaffirmé ainsi que le renforcement des coopérations franco-brésiliennes, en matière de modernisation de l'économie et du développement social du Brésil.

Du 15 au 17 juillet 2003, le président d'Argentine Néstor Kirchner effectue une visite officielle en France.

Dominique de Villepin effectue une visite officielle au Mexique les 17 et 18 juillet 2003. Il est reçu par le président mexicain Vicente Fox Quesada et réaffirme la nécessité du respect du multilatéralisme. Devant le Congrès à Mexico, Dominique de Villepin appelle les deux pays à promouvoir un système multilatéral plus légitime et plus efficace, organisé autour de l'ONU dans une logique de coopération entre les différents pôles du monde. À Monterrey, il inaugure les nouveaux locaux de l'Alliance française. La Fédération des Alliances françaises du Mexique compte 45 établissements et 21 centres associés, avec 35 000 étudiants. À Mexico, le 18 juillet 2003, Dominique de Villepin déclare que la France participe activement au développement économique du Mexique et que l'Europe n'est pas la forteresse que d'aucuns se plaisent à décrire, c'est une zone ouverte aux importations agricoles.

Dominique de Villepin prononce un discours sur « Le nouvel esprit de la frontière » au Musée anthropologique de Mexico (18 juillet 2003). Évoquant la trajectoire historique de la notion de frontière, Dominique de Villepin dénonce l'enfermement et le repli. En Afrique, au Moyen-Orient, en Asie, les frontières constituent des enjeux géopolitiques majeurs. Il termine son discours en appelant à chercher un nouvel humanisme qui ouvre sur des terres fraternelles.

En février 2002, en Colombie, Ingrid Betancourt, candidate écologiste à l'élection présidentielle, est enlevée par les FARC (Forces armées révolutionnaires de Colombie). Le destin d'Ingrid Betancourt intéresse la France car elle est française et parce que les Betancourt ont une tradition francophone et francophile si bien que les enfants de la famille viennent conclure leurs études en France. Ingrid Betancourt a suivi des cours à Sciences Po Paris et c'est à cette occasion qu'elle a rencontré Dominique de Villepin en 1982 (quand ils sont en poste à Paris, les diplomates français se doivent de transmettre leur expérience en donnant des cours). Ingrid Betancourt retrouvera Dominique de Villepin à Washington lorsque tous deux y seront en poste (l'ex-mari français d'Ingrid notamment).

Devenu ministre des Affaires étrangères, Dominique de Villepin s'implique dans le dossier de l'enlèvement d'Ingrid Betancourt. En juin 2003, les FARC proposent de libérer Ingrid, malade, et de la renvoyer à Bogotá via le Brésil. Le président colombien Álvaro Uribe promet que ni l'armée ni la police n'interviendront dans cette opération. Informé par la famille de l'otage, Dominique de Villepin décide de monter une opération de sauvetage : le 9 juillet 2003, un Hercules C-130 français médicalisé se pose sur l'aéroport de Manaus en Amazonie brésilienne et quatre hommes en descendent, dont le chef adjoint du cabinet de Villepin (Pierre-Henri Guignard) et deux agents de la DGSE, mais malgré l'attente, la libération d'Ingrid Betancourt n'a pas lieu et le Brésil demande des éclaircissements.

L'affaire devient médiatique avec la publication par l'hebdomadaire brésilien « Carta Capital » en une du 19 juillet 2003 des dessous de l'équipée française et de son échec, provoquant des remous en France même. Cette affaire démontre la priorité accordée par la diplomatie française à la libération de l'otage franco-colombienne Ingrid Betancourt aux mains des FARC depuis février 2002 et Dominique de Villepin en a fait une affaire personnelle.[1]

Le 27 juillet 2003, sur France 2, Dominique de Villepin déclare que le Président de la République et le Premier ministre ont donné leur accord de principe à l'opération en Colombie. À aucun moment, la France n'a négocié avec la guérilla des FARC et la France s'en est tenue à une mission médicale.

Dominique de Villepin adresse le 20 août 2003 des messages de condoléances au Secrétaire général de l'ONU Kofi Annan et au ministre brésilien des Affaires étrangères Celso Amorim après l'attentat contre le QG de l'ONU à Bagdad qui a coûté la vie à Sergio Vieira de Mello, représentant spécial de l'ONU en Irak.

Dominique de Villepin explique le 1er septembre 2003 sur RFI que la France a été saisie par la famille Betancourt pour lui apporter une aide médicale et une aide humanitaire car elle espérait sa libération, compte tenu des indications reçues de la famille.

---

[1] Jean Saint-Iran, *Villepin vu du Quai Les cent semaines*, Privé, 2005, p.136-139.

Le 14 septembre 2003, la 5e Conférence ministérielle de l'Organisation mondiale du commerce (OMC) échoue à trouver un accord (Cycle de Doha) à cause de désaccords sur le dossier agricole entre pays du Nord accusés de protectionnisme et pays du Sud qui souhaitent un plus grand accès aux marchés.

Le 7 octobre 2003, Dominique de Villepin appelle à reprendre le lien avec Haïti, un pays en crise politique et économique ; il déclare que Régis Debray a eu l'idée de former un Comité pour réfléchir sur des propositions concrètes pour relancer les relations franco-haïtiennes. Le Comité travaillera en toute indépendance et remettra son rapport en janvier 2004 pour le bicentenaire de l'indépendance d'Haïti. La France a réorienté son aide vers la société civile, au bénéfice des populations.

Les 13 et 14 octobre 2003, le président du Pérou Alejandro Toledo effectue une visite officielle en France.

Lors d'un débat « L'Amérique et nous » organisé par Le Monde entre Dominique de Villepin et Laurent Fabius le 23 octobre 2003, Dominique de Villepin reconnaît qu'il y a des tentations et des rivalités entre la France et les États-Unis parce qu'ils ont tous deux l'héritage de deux révolutions universelles, avec le sentiment et le goût de défendre des principes, un certain absolutisme, une certaine vision du monde, du destin humain.

Du 2 au 4 novembre 2003, le Secrétaire d'État Renaud Muselier se rend au Panama. Les 5 et 6 novembre 2003, le Secrétaire d'État aux Affaires étrangères, Renaud Muselier, a effectué une visite au Costa Rica.

Le Premier ministre du Canada, Jean Chrétien, effectue, le 9 décembre 2003, une visite en France.

Ancienne colonie française qui fut le premier État noir à accéder à l'indépendance en 1826, Haïti, partie occidentale de l'île de Saint-Domingue, connaît des convulsions régulières. La question de la dette française envers Haïti revient souvent sur le tapis. Le président haïtien en 2004, Jean-Bertrand Aristide, ancien prêtre qui se maintient au pouvoir en s'appuyant sur des bandes paramilitaires. À l'automne 2003, un vaste mouvement d'opposition à Aristide s'organise et une guerre civile éclate à Port-au-Prince.

Le 1er janvier 2004, lors du Bicentenaire de l'indépendance, le président d'Haïti Jean-Bertrand Aristide réclame à la France 21 milliards d'USD de dommages, ce qui représente la somme payée par Haïti à la France au 19e siècle pour obtenir son indépendance. Selon Christophe Wargny, la France a « une dette morale et historique énorme » vis-à-vis d'Haïti.[1]

Le 28 janvier 2004, à l'occasion du Bicentenaire de l'Indépendance d'Haïti, un Comité indépendant de réflexion et de propositions sur les relations franco-haïtiennes, composé de 13 membres et présidé par Régis Debray, remet un rapport à Dominique de Villepin. Parmi les propositions :[2]

- Diplomatie/sécurité : réexamen des sanctions européennes, concertation avec les États-Unis, mise à l'étude d'une force de paix avec le Canada et CARICOM, médiation souhaitable de l'OIF, France/Allemagne, renforcement de notre ambassade,

- État de droit/institutions : diversifier la coopération Justice, ouverture d'un bureau du Haut-Commissariat aux droits de l'homme, mise à niveau de l'état civil, prolonger le projet Police.

- Économie/Coopération : les Antilles françaises plateforme de solidarité, pour une meilleure lisibilité de la politique française aux Caraïbes, coopération décentralisée, un Fonds d'investissement spécial pour des partenariats privés ;

---

[1] « *La crise à Haïti* », Le Monde, 19 février 2004.
[2] Rapport au Ministre des Affaires Étrangères du Comité indépendant de réflexion et de propositions sur les relations franco-haïtiennes, janvier 2004.

- Éducation/culture : reconstruire l'Institut français, compléter nos manuels scolaires, prolonger l'assistance éducative, Université et recherche, sport.

À l'initiative du président du Brésil, Lula da Silva, Jacques Chirac, Kofi Annan et Ricardo Lagos (Chili) se sont réunis le 30 janvier 2004 à Genève pour des échanges de vues sur les questions sociales et économiques mondiales et l'éradication de la pauvreté et de la faim. Parmi les pistes d'action : une meilleure prise en compte du fardeau de la dette, l'augmentation des flux d'aide publique et la réduction des incertitudes du système commercial international. Une alliance mondiale de lutte contre la faim et la pauvreté est initiée. Jacques Chirac et Luiz Lula da Silva mettent en place un Groupe technique chargé d'étudier les différentes propositions pour promouvoir des sources innovantes de financement.

Dominique de Villepin effectue une visite officielle en Argentine le 3 février 2004. Il déclare que la France est aux côtés de l'Argentine en matière de développement économique et de développement social et culturel. La France salue l'émergence du G20 et souhaite la prise en compte par le FMI des impératifs sociaux. Dominique de Villepin appelle à surmonter les difficultés pour maintenir la présence des entreprises françaises (secteurs de l'eau, des communications et de l'énergie). Les entreprises françaises craignent de perdre les concessions de service public obtenues sous la présidence de Menem.

Dominique de Villepin prononce, le 4 février 2004 à l'Institut Rio Branco à Brasilia, le discours « Pour un nouveau partenariat international ». Il déclare que la tentation de la force risque d'alimenter l'engrenage de la violence et met en garde contre le piège de la guerre des mondes. Concernant les négociations commerciales, l'Europe et le G20 doivent se retrouver sur la priorité d'un système commercial plus équilibré entre le Nord et le Sud. L'ambition pour l'Amérique latine est d'étendre à l'ensemble de la région une vision politique fondée sur des principes forts : éthique de l'action publique, combat contre la pauvreté et les inégalités, croissance durable et partagée. Pour Dominique de Villepin, le Brésil est une grande puissance et un pays pionnier et la France entend être à ses côtés. Concernant l'ordre mondial, il appelle à tracer le chemin d'une démocratie mondiale vivante reposant sur la responsabilité collective et propose de créer un Conseil de sécurité économique et social et de faire le pari de la diversité culturelle.

Outre l'Argentine et le Brésil, Dominique de Villepin se rend au Chili (2 février 2004) et au Mexique (5 février 2004). Il lance un appel en faveur du multilatéralisme.

Le 5 février 2004, des troubles débutent à Haïti lorsque des rebelles armés s'emparent de la ville de Gonaïves. Au 9 février 2004, le soulèvement populaire s'étend à onze villes du pays. Le 14 février 2004, le Secrétaire d'État américain Colin Powell appelle le Président Aristide à négocier avec l'opposition pour mettre fin à la crise.

Le 17 février 2004, Dominique de Villepin appelle le président Aristide à « avancer dans le sens du dialogue » pour que cesse la violence à Haïti. Dans un entretien au Figaro le 19 février 2004, Dominique de Villepin propose pour sortir de l'impasse à Haïti : engager un processus de dialogue politique, l'action humanitaire d'urgence, assurer le respect des droits de l'homme et prévoir une force de paix pour garantir l'ordre public et la sécurité.

Le 25 février 2004, Dominique de Villepin déclare qu'Aristide porte une « lourde responsabilité » dans la situation actuelle à Haïti, et propose la mise en place d'une force civile de paix, et une assistance internationale électorale et humanitaire, ainsi que l'envoi d'une mission des droits de l'homme, et un engagement pour la reconstruction.

Du 27 au 29 février 2004, Dominique de Villepin se mobilise pour Haïti où le risque de chaos menace. Il s'agit de définir une solution politique qui rassemble toutes les forces du pays. La France propose une initiative qui prolonge le plan d'action de la CARICOM : mise en place immédiate d'une force civile de paix ; assistance pour préparer l'élection présidentielle ; acheminement de l'aide humanitaire ; envoi de missions d'observateurs des droits de l'homme et engagement pour une aide à la reconstruction économique et sociale. Pour Dominique de Villepin, le président Aristide ne peut pas continuer à diriger son pays en s'affranchissant de toute règle de droit.

Jean-Bertrand Aristide quitte le pouvoir le 29 février 2004 pour éviter un bain de sang, selon son Premier ministre.

Le 29 février 2004, le Conseil de sécurité de l'ONU adopte à l'unanimité la résolution 1529, d'inspiration franco-américaine, qui demande aux États membres d'appuyer le processus politique en cours à Haïti et autorise le déploiement d'une force multinationale intérimaire pour ramener la sécurité.[1] La France contribue avec 300 hommes et entend soutenir la future mission de stabilisation de l'ONU qui prendra la suite de la force intérimaire.

Dominique de Villepin revient en 2016 sur la crise haïtienne : « En concertation permanente avec les États-Unis, et sensibilisés depuis longtemps au drame et aux difficultés d'Haïti, nous n'avons cessé de privilégier le maintien d'un processus constitutionnel pour éviter des massacres et une nouvelle dictature. Un compromis permettait par l'exil du président Aristide de sauver l'essentiel, la paix civile ».[2]

Dominique de Villepin publie la tribune « Haïti, le devoir de solidarité » le 17 mars 2004 dans Le Figaro. La France a déployé 800 hommes à Haïti et n'a d'autre intérêt que la défense de la démocratie haïtienne. La France agit au service du droit et de l'intérêt général ; Haïti est aux portes des

---

[1] S/RES/1529 (2004).
[2] Dominique de Villepin, *Mémoire de paix pour temps de guerre*, Grasset, 2016, p.415.

départements d'outre-mer, partage la langue française et est liée par une histoire commune. La France est prête à prendre part à la future force pour aider la police et désarmer les bandes armées. Dominique de Villepin propose la convocation d'une conférence internationale et la création d'un groupe de contact pour aider au développement.

Selon Jean Saint-Iran, la position française sur Haïti en 2004 est contradictoire avec les propos sur l'Irak en 2003 et avec la résolution sur Haïti soutenue à l'automne 2003 à l'Organisation des États américains (OEA).[1] Pour Sophie Jouineau, la gestion par la France de la crise haïtienne reflète sa disposition à coopérer avec les États-Unis pour contribuer au secours apporté par la « communauté internationale » à un État « en faillite » avérée et sans ressources naturelles, en écartant au passage un dictateur habile à agiter, en direction des républiques africaines francophones, le chiffon rouge des réparations coloniales.[2]

L'Asie-Pacifique

Suite à l'attentat contre des Français à Karachi (10 personnes travaillant pour la direction des constructions navales), Dominique de Villepin demande le 8 mai 2002 aux autorités pakistanaises d'identifier et de punir les auteurs et de renforcer les mesures de protection des implantations françaises au Pakistan. La protection des ressortissants à l'étranger est l'une des premières missions de la diplomatie française.

Le Conseil de sécurité de l'ONU adopte le 17 mai 2002 la résolution 1410 qui crée une Mission d'appui des Nations Unies au Timor oriental (MANUTO), chargée notamment d'apporter une assistance aux structures administratives et d'assurer provisoirement le maintien de l'ordre et la sécurité publique.[3]

---

[1] Jean Saint-Iran, *Villepin vu du Quai Les cent semaines*, Privé, 2005, p. 215.
[2] Sophie Jouineau, *Nouvelle intervention internationale en Haïti le début d'un nouveau cycle politique ?* Annuaire Français des Relations Internationales 2005, p. 804-817.
[3] S/RES/1410 (2002).

Le Conseil de sécurité de l'ONU adopte le 23 mai 2002 la résolution 1413 qui proroge de six mois à compter du 20 juin 2002 la Force internationale d'assistance à la sécurité en Afghanistan.[1]

Les ministres des Affaires étrangères du G8 publient le 31 mai 2002 une déclaration commune dans laquelle ils appellent au dialogue entre New Delhi et Islamabad et appellent le Pakistan à engager des actions concrètes pour mettre fin aux infiltrations à travers la Ligne de contrôle et pour arrêter les groupes terroristes qui opèrent à partir du territoire sous son contrôle.

Au 1er juillet 2002, et depuis novembre 2001, la France a engagé en Afghanistan (Kaboul, Mazar-e-Charif), 7000 hommes, des membres des forces spéciales, des soldats de l'armée de terre, de l'aéronavale et des marins, et du personnel des services extérieurs français (DGSE).

Le 1er août 2002, Dominique de Villepin accorde une interview au Times of India, la France veut que l'Asie du Sud entre dans une ère de stabilité. Il appelle à l'arrêt du terrorisme et rappelle que le président Chirac fut le premier à se prononcer sans réserve pour l'accession de l'Inde au statut de membre permanent du Conseil de sécurité de l'ONU.

Dominique de Villepin se rend en Inde le 2 août 2002. Il réaffirme l'importance du dialogue stratégique et du programme spatial conjoint et déclare faire confiance à l'Inde et au Pakistan pour trouver les voies du dialogue dans l'esprit de Simla et de Lahore.

Dominique de Villepin se rend au Pakistan le 3 août 2002. Il s'entretient avec le président pakistanais Musharraf et le ministre pakistanais de l'Intérieur. Rappelant la relation ancienne, riche et diverse, Dominique de Villepin apporte le soutien de la France au Pakistan au sein du FMI, du Club de

---

[1] S/RES/1413 (2002).

Paris (rééchelonnement de la dette) et un meilleur accès des textiles au marché européen. Le problème du Cachemire doit être débattu entre l'Inde et le Pakistan et il est essentiel que les infiltrations cessent le long de la ligne de contrôle.

Dominique de Villepin a reçu le 3 septembre 2002 le président du Tadjikistan, Rakhmonov. Il remercie le Tadjikistan pour l'appui donné dans le cadre de la lutte contre le terrorisme en Afghanistan et exprime la disponibilité de Paris à développer la formation des cadres tadjiks.

Dominique de Villepin effectue le 3 septembre 2002 une visite en Afghanistan ; il est reçu par le président Hamid Karzaï et par le vice-président et ministre de la Défense. Les défis sont la lutte contre le terrorisme, la restauration et le développement de la démocratie et la reconstruction. La France a participé à la guerre par un détachement naval basé dans l'océan Indien jusqu'en juin 2002 et a participé à la reconstruction du pays : lutte contre la drogue, formation d'un premier bataillon, appui aux médias, contributions des ONG. L'Europe prévoit une aide de 600 millions d'euros pour l'année 2002. Un accord portant création d'un centre culturel français à Kaboul a été signé.

Dominique de Villepin publie le 9 septembre 2002 une tribune dans le mensuel « Les Nouvelles de Kaboul », pour lui l'avenir de l'Afghanistan nous concerne tous car le temps des conflits circonscrits est fini. Il énumère les défis auxquels est confronté l'Afghanistan : le terrorisme, la drogue, le droit des femmes, les écoles, le renforcement des institutions. La France participe à la FIAS et forme deux bataillons de l'armée afghane, le lycée Esteqlal a rouvert, des médecins et sages-femmes sont formés et la France appuie la reconstruction, l'aide agricole et la lutte contre la drogue.

Dominique de Villepin accorde une interview à The Hindu le 28 septembre 2002. Affirmant que la France et l'Inde sont deux grandes puissances, il cite le Forum d'initiatives franco-indien, le dialogue stratégique, le Groupe de travail conjoint contre le terrorisme et la coopération en sûreté nucléaire.

Le président du Vietnam Tran Duc Luong effectue une visite officielle en France le 28 octobre 2002.

Dominique de Villepin effectue une visite officielle en Chine les 9 et 10 janvier 2003. Il rencontre le président Jiang Zemin, le vice-premier ministre Wen Jiabao et le ministre des Affaires étrangères Tang. Il considère que la Chine est un partenaire de premier plan.

À Shanghai, le 10 janvier 2003, Dominique de Villepin déclare que la Corée du Nord a pris une décision grave et lourde de conséquences en se retirant du Traité de non-prolifération nucléaire.

Dominique de Villepin prononce un discours à la jeunesse chinoise à l'Université Fudan de Shanghai, le 10 janvier 2003. Le monde est régi par l'urgence et l'interdépendance. Dominique de Villepin appelle à éviter les écueils de la peur et de l'indifférence et soutient la sécurité collective et le respect de la diversité des cultures et des civilisations. Pour que le monde soit équilibré, il faut qu'il soit organisé autour de grands ensembles.

Dominique de Villepin se rend en visite officielle à Séoul (Corée du Sud) le 11 janvier 2003, il y déclare que la France comprend la légitime aspiration à la paix et à la réconciliation du peuple coréen. Il rappelle que l'Union européenne a accordé une aide humanitaire de 9,5 millions d'euros à la Corée du Nord.

Les 16 et 17 janvier 2003, le Secrétaire d'État aux Affaires étrangères Renaud Muselier effectue une visite au Cambodge. Du 10 au 13 février 2003, Renaud Muselier est au Sri Lanka.

Du 23 au 25 février 2003, le ministre délégué à la Coopération et à la Francophonie, Pierre-André Wiltzer, effectue une visite au Cambodge. Du 15 au 17 mars 2003, Pierre-André Wiltzer effectue une visite au Japon.

Le Premier ministre de Malaisie, Mohamed Mahatir, a effectué une visite officielle en France le 23 avril 2003. Le 29 avril 2003, le Premier ministre du Japon, Junichiro Koizumi, est en France.

Les 26 et 27 avril 2003, Renaud Muselier, secrétaire d'État aux Affaires étrangères, se rend au Bangladesh.

Lors de la clôture de la Conférence sur les routes de la drogue de l'Asie centrale à l'Europe, organisée à Paris le 22 mai 2003, Dominique de Villepin présente le Pacte de Paris proposé par l'ONUDC qui prévoit un renforcement des capacités nationales, le développement des partenariats régionaux et la mise en place d'un cadre stratégique multilatéral sous l'égide de l'ONU.

Du 25 au 28 mai 2003, le Secrétaire d'État aux Affaires étrangères, Renaud Muselier, effectue une visite en Afghanistan.

Le 10 juin 2003, les États-Unis, l'Union européenne et 48 pays s'engagent à verser 4,5 milliards USD d'aide au Sri Lanka.

Le 27 juin 2003, le président de l'Afghanistan, Hamid Karzaï, effectue une visite en France.

Dominique de Villepin reçoit à Paris le 4 juillet 2003 son homologue indonésien Hassa Wirajuda. L'Indonésie est un partenaire majeur de la France en Asie, la France est attachée à l'ASEM (Dialogue Asie-Europe).

Les 21 et 22 juillet 2003, le Secrétaire d'État aux Affaires étrangères Renaud Muselier effectue une visite au sultanat de Brunei. Du 22 au 25 juillet 2003, Renaud Muselier visite l'Indonésie.

Le 1er Sommet France-Océanie se tient le 28 juillet 2003 à Papeete (Polynésie française) : J. Chirac salue les représentants du Forum des îles du Pacifique et de la Communauté du

Pacifique ; l'Océanie est au cœur du nouveau bassin du développement mondial. Les États du Pacifique peuvent faire entendre leur différence et leur expérience en matière de dialogue des cultures et des civilisations. La France propose de protéger les récifs coralliens et développer leur gestion durable. J. Chirac propose de coopérer dans la lutte contre la pêche illicite et en faveur du développement et de la coopération renforcée avec l'Australie et la Nouvelle-Zélande.

À partir d'août 2003, les « Pourparlers à Six » s'engagent à Pékin pour tenter de régler la crise de prolifération nord-coréenne. Les Six sont : les deux Corées, les États-Unis, la Chine, la Russie et le Japon.

Dominique de Villepin intervient le 2 octobre 2003 à Paris au colloque « Religion et politique en Asie ». L'Asie, berceau d'une pluralité de religions, mais aussi nouveau pôle de développement, représente un laboratoire de notre modernité. La France et ses partenaires européens appuient avec constance la liberté religieuse.

Dominique de Villepin lance officiellement l'Année de la Chine en France le 6 octobre 2003. Pour la première fois, la Chine s'engage à présenter à un public occidental, pendant une année entière, son patrimoine, sa culture, ses créations et ses modes de vie. Pour Dominique de Villepin, la culture chinoise n'est plus le seul apanage des sinophiles.

Le 15 octobre 2003, la Chine est le troisième pays au monde à envoyer un homme dans l'espace (vaisseau Shenzhou-5).

Le 20 octobre 2003, le ministre d'État de Singapour, Lee Kuan Yew, effectue une visite en France.

Du 10 au 12 novembre 2003, Pierre-André Wiltzer, ministre délégué à la Coopération et à la Francophonie, est en Inde.

Dominique de Villepin ouvre le 14 novembre 2003 à Paris la 2e Conférence intergouvernementale sur la sauvegarde et le développement du site d'Angkor au Cambodge. La France et le Japon coprésident le Comité international sur Angkor.

Du 19 au 24 novembre 2003, le Secrétaire d'État aux Affaires étrangères Renaud Muselier se rend en Australie et en Nouvelle-Zélande.

En 2003, la France reçoit de nombreux hauts responsables d'Asie-Pacifique en visite officielle : le Premier ministre de Malaisie Mahatir, le ministre d'État de Singapour Lee Kuan Yew, le Premier ministre de Thaïlande Thaksin Shinawatra, le Président du Timor-Leste Xanana Gusmao, le ministre australien des Affaires étrangères Downer, le Premier ministre de Nouvelle-Zélande Helen Clark, le Premier Ministre de Tonga le Prince Lavaka Ata, le Président du Pakistan Pervez Musharraf et le Premier ministre de Vanuatu Nipake Natapei.

Le président chinois Hu Jintao effectue une visite d'État en France du 25 au 29 janvier 2004 pour fêter les 40 ans de l'établissement des relations diplomatiques entre la France et la Chine populaire. La tour Eiffel est illuminée en rouge à l'occasion de l'Année culturelle de la Chine en France. Le 27 janvier 2004, Pékin et Paris publient une Déclaration pour un partenariat global stratégique dans un monde plus sûr, plus respectueux de la diversité et plus solidaire. La France est favorable à la levée de l'embargo européen sur les armes.[1]

Le 4 février 2004, Abdul Qadeer Khan, le père de la bombe atomique pakistanaise, reconnait sa responsabilité dans le transfert de technologie nucléaire vers l'Iran, la Libye et la Corée du Nord, et précise que le gouvernement n'a jamais donné son autorisation.

Le train à grande vitesse « KTX », de fabrication française, reliant Séoul à Busan en Corée du Sud, est inauguré le 10 février 2004.

[1] Maurice Vaïsse, *La puissance ou l'influence ? La France dans le monde depuis 1958*, Fayard, 2009, ebook.

Dominique de Villepin se rend en Afghanistan le 12 février 2004 et s'entretient avec le président Hamid Karzaï et son homologue afghan. Il est heureux que la Constitution ait été adoptée et que le processus politique menant vers une pleine souveraineté soit engagé. La France souhaite que l'Eurocorps prenne la relève des Canadiens à la tête de la FIAS et contribue à la formation de l'armée afghane. L'Afghanistan est inclus dans la Zone de solidarité prioritaire pour l'aide française au développement.

Dominique de Villepin effectue les 12 et 13 février 2004 une visite officielle en Inde pour renforcer le partenariat stratégique. Il fait un discours devant la Fondation Scindia. Au cours de sa visite à New Delhi, Dominique de Villepin reçoit des représentants de la communauté sikhe (13 février 2004) pour discuter de la loi sur la laïcité à l'école en France.

Dans un entretien au Figaro le 19 février 2004, Dominique de Villepin salue les progrès de la réconciliation en Afghanistan et annonce que la France participe avec 500 hommes à la FIAS et avec ses forces spéciales à l'opération « Liberté immuable ».

Du 19 au 22 février 2004, Pierre-André Wiltzer est en Thaïlande et au Vietnam. Du 26 au 28 février 2004, le ministre délégué à la Coopération et à la Francophonie, Pierre-André Wiltzer, se rend au Laos.

Dominique de Villepin effectue une visite officielle au Pakistan le 28 février 2004. Il souligne le rôle majeur du Pakistan dans le renforcement de la stabilité régionale et appelle à une plus grande transparence de l'activité du Pakistan en matière de nucléaire.

Dominique de Villepin anime une conférence le 1er mars 2004 à l'Université de Kyushu à Fukuoka. Il souligne la convergence entre France et Japon dans la défense du patrimoine immatériel et de la diversité culturelle et rend hommage à la volonté du Japon de prendre des responsabilités croissantes sur la scène internationale, le Japon a naturellement vocation à devenir membre permanent du Conseil de sécurité de l'ONU. Pour Dominique de Villepin, la multipolarité est un fait qui s'impose à tous, l'Union européenne et l'Asie orientale doivent développer leur partenariat.

À Tokyo, le 2 mars 2004, Dominique de Villepin défend un multilatéralisme rénové et soutient l'approche des Six sur la Corée du Nord. Il déclare qu'un monde unilatéral est impossible et énonce que la coopération franco-japonaise pour la reconstruction de l'Irak concernera la société civile (santé, formation, culture, sport).

Les outils et les instruments d'action

Dominique de Villepin appelle à l'adoption de programmes de sécurité dans chacun des postes diplomatiques et consulaires (interview à TV5 le 31 mai 2002).

Noëlle Lenoir, Pierre-André Wiltzer et Renaud Muselier prennent leurs fonctions le 18 juin 2002 en qualité respectivement de ministre déléguée aux Affaires européennes, ministre délégué à la Coopération et à la Francophonie et de secrétaire d'État aux Affaires étrangères.

En 2002, le réseau culturel français à l'étranger comporte : 115 services de coopération et d'action culturelle, 79 établissements culturels, 139 Alliances françaises et 19 Centres de recherche.

Dominique de Villepin inaugure le 18 juillet 2002 la réunion annuelle des agents du réseau français de coopération et d'action culturelle à l'étranger. Il énumère les exigences : vision (véritable stratégie), mouvement (rationalisation des méthodes, des instruments et des procédures), simplification administrative (les Instituts français et l'autonomie financière), la responsabilité (accueil d'étudiants). Les priorités d'action sont : le développement socioéconomique, la scolarisation universelle, la santé primaire, la vaccination, les grandes pandémies, les énergies renouvelables, l'accès et la gestion de l'eau, le développement durable, la décentralisation et le commerce équitable.

Le 27 août 2002, le ministre délégué à la Coopération et à la Francophonie, Pierre-André Wiltzer, présente la *« Feuille de route de la coopération »* : objectif de 0,5 % du PIB pour l'aide au développement ; équilibrage des canaux de l'aide au développement pour privilégier le bilatéral ; accroissement de la coopération avec l'Afrique ; substitution du partenariat à l'assistance ; coopération décentralisée ; partenariat avec la société civile ; promotion du volontariat associatif ; renforcement de l'expertise technique ; coordination ; accentuation de la présence politique et diplomatique. Concernant la francophonie, trois pistes essentielles sont citées : l'Afrique, la préservation de la diversité culturelle, et l'Europe.

Dominique de Villepin intervient le 2 septembre 2002 devant la 55e assemblée plénière du Conseil supérieur des Français de l'étranger (CSFE). 2 millions de Français vivent à l'étranger. Il soutient l'adoption de plans de sécurité opérationnels pour chaque pays, l'accès à la protection sociale, l'éducation et les bourses. Le Gouvernement a des devoirs à l'égard des communautés : devoir de sécurité, devoir de service, devoir de solidarité (couverture sociale), devoir de formation et devoir d'écoute.

Dominique de Villepin organise le 13 septembre 2020 une réception des fonctionnaires internationaux à New York. Il réaffirme l'importance de la présence française au sein de l'ONU et défend le multilinguisme et le dialogue des cultures. Il cite quelques Français qui s'illustrent à l'ONU : Jean-Marie Guéhenno (chef du département des OMP), Elisabeth Lindenmayer (assistante spéciale du SG), Bernard Cocheme (administrateur de la caisse des pensions de l'ONU), Annick De Marffy (directrice de la division des affaires maritimes), Thérèse Gastaud (directrice des relations publiques) et Jacques Loup (directeur du bureau Afrique du PNUD).

À l'Assemblée nationale, le 13 novembre 2002, Dominique de Villepin fait une déclaration sur les priorités budgétaires et de gestion du ministère. Le Quai d'Orsay, qui possède le 2e réseau au monde (152 ambassades, 21 représentations permanentes, 105 postes consulaires), représente 40 % des moyens de l'action extérieure de la France et beaucoup de critiques demeurent justifiées : affaiblissement et dispersion des moyens, méthodes de travail et coordination. Pour Dominique de Villepin, le ministère doit poursuivre trois objectifs : cohérence, efficacité, transparence. Le Conseil interministériel des moyens de l'État à l'étranger doit reprendre ses travaux. L'entrée en vigueur de la LOLF (Loi de finance organique) nécessitera de définir des indicateurs de résultats. Dominique de Villepin appelle à augmenter l'enveloppe de financement des contributions obligatoires et des opérations du Fonds européen de développement (FED), à réformer l'AEFE et à créer une chaîne d'information internationale en continu. Dominique de Villepin souhaite réformer le droit d'asile (grandes lignes présentées en Conseil des ministres le 25 septembre 2002) et porter à 0,5 % du PIB d'ici 2007 l'Aide publique au développement (priorité à l'Afrique) pour mettre un terme à la baisse de l'aide bilatérale.

Dominique de Villepin souhaite une réforme du Conseil supérieur des Français de l'étranger pour plus de représentativité (6 décembre 2002).

Le 16 décembre 2002, Dominique de Villepin réunit la Commission des archives à Paris et confirme la décision d'Hubert Védrine de construire un nouveau centre d'archives à La Courneuve, il appelle à encourager la diffusion éditoriale.

Le 28 janvier 2003, Dominique de Villepin intervient au colloque international des Alliances françaises à Paris. L'Alliance française n'est pas un partenaire comme les autres (car il s'agit d'une association privée) et la promotion de la langue française constitue une ambition d'une brûlante actualité. La langue française doit être la langue du respect et de l'ouverture à l'autre. L'Alliance française participe brillamment à la diffusion de la culture française et aux échanges avec les artistes étrangers. Le Quai d'Orsay apporte à 280 Alliances françaises dans le monde des moyens propres (45 millions d'euros).

Dominique de Villepin intervient, le 24 mars 2003, devant la Commission des droits de l'homme de l'ONU. L'action internationale doit être guidée, selon lui, par : la responsabilité (ratification du Statut de la Cour pénale internationale), le respect (universalité des droits), l'abolition universelle de la peine de mort, la lutte contre la torture et les disparitions forcées, la reconnaissance des droits économiques et sociaux et l'exemplarité (efficacité, vigilance, pas de deux poids, deux mesures).

Dominique de Villepin présente le 15 avril 2003 en Conseil des ministres un projet de loi modifiant la loi du 25 juillet 1952 relative au droit d'asile. La réforme inclut : l'unification des procédures, la mise en œuvre des dispositions européennes et la rationalisation des moyens.

Le 30 avril 2003, Dominique de Villepin est auditionné par la Mission d'information commune de l'Assemblée nationale sur la création d'une chaîne française d'information à vocation internationale. Il rappelle la proposition du président Chirac en février 2002 et le rapport commandé au professionnel de l'audiovisuel, Philippe Baudillon. Pour Dominique de Villepin, la France est porteuse d'un message de diversité : membre permanent du Conseil de sécurité, moteur du développement européen, centre de gravité naturel de la francophonie et interlocuteur privilégié de l'Afrique et des pays arabes. La vision de la France repose sur une projection de l'Europe dans le monde, la francophonie et les valeurs universelles (Lumières et Raison, démarche scientifique, dialogue des cultures).

Dans une déclaration à l'Assemblée nationale, le 5 juin 2003, Dominique de Villepin présente la réforme du droit d'asile. Le dispositif doit être rénové autour de quatre objectifs : meilleure protection, unification des procédures, inscription dans un cadre européen et rationalisation des moyens. Un guichet unique sera instauré (l'OFPRA) avec une possibilité de recours auprès de la Commission de recours des réfugiés.

Dominique de Villepin publie une tribune le 17 juin 2003 dans La Croix sur la réforme du droit d'asile. Le diagnostic est celui de procédures redondantes, un dispositif saturé, des délais de réponse longs, des centres d'accueil submergés, des réfugiés maintenus dans la précarité. La réforme comprend la simplification du régime actuel, une procédure unique, un guichet unique (l'OFPRA) et un recours juridictionnel unique (Commission de recours des réfugiés).

Dominique de Villepin participe le 25 juin 2003 à Paris au 275e anniversaire de la franc-maçonnerie. La France est héritière de l'histoire de la franc-maçonnerie comme la franc-maçonnerie est héritière de l'Histoire de France.

Dominique de Villepin intervient le 30 juin 2003 devant le 2e séminaire des correspondants environnement des ambassades de France à Paris. Il rappelle que la France est à la pointe de l'action en faveur de l'environnement et qu'elle a des objectifs communs avec les pays du Sud : combattre la pauvreté, soutenir le développement économique tout en gérant durablement les ressources naturelles. La France plaide pour créer une Organisation internationale de l'Environnement ainsi que pour le Protocole de Kyoto et la responsabilité environnementale des entreprises.

Dominique de Villepin intervient le 16 juillet 2003 à Paris devant les journées du réseau français de coopération et d'action culturelle à l'étranger. Il annonce que la France fait le choix du droit, de la morale, de la culture et que sa diplomatie se donne trois impératifs : le respect de la diversité, la solidarité et l'engagement pour le long terme. Le réseau culturel doit repenser son action selon trois objectifs : la transparence, la simplicité et l'inventivité.

À la session inaugurale de la 56e assemblée plénière du Conseil supérieur des Français de l'étranger, le 1er septembre 2003 à Paris, Dominique de Villepin évoque la sécurité comme la première priorité et parle du rôle du Comité de sécurité interministériel, présidé par le Secrétaire général du Quai d'Orsay.

Dans son intervention à la 32e Conférence générale de l'UNESCO, le 2 octobre 2003 à Paris, Dominique de Villepin salue le retour des États-Unis dans l'organisation et réaffirme le soutien de la France à la Convention internationale pour la sauvegarde du patrimoine culturel et immatériel et la Convention pour la diversité culturelle, ainsi qu'à la réflexion sur la bioéthique.

Dans son allocution devant le Conseil économique et social à Paris le 28 octobre 2003, Dominique de Villepin évoque le réseau des écoles, collèges et lycées sur lequel repose en premier chef la présence culturelle française à l'étranger. Présent dans 130 pays, ce réseau compte 410 établissements dont 272 liés à l'AEFE, scolarisant 230 000 élèves (dont une grande majorité d'étrangers) avec 600 personnels enseignants et administratifs. Pour Dominique de Villepin, il est indispensable de redynamiser l'AEFE, il est prêt à engager une réflexion avec le Ministère de l'Éducation sur la cotutelle.

Dominique de Villepin inaugure le 3 novembre 2003 à Fontenay-sous-Bois les nouveaux locaux de l'OFPRA (Office français de protection des réfugiés et apatrides).

La loi portant réforme du droit d'asile, portée par Dominique de Villepin, est promulguée le 10 décembre 2003.

La grève des fonctionnaires du Quai

Les agents du Quai d'Orsay se sentent de plus en plus déconsidérés : les coupes budgétaires incessantes provoquent un sentiment d'abattement d'autant plus fort que Dominique de Villepin, pourtant présenté comme un ministre puissant, semble ne rien faire pour y mettre un terme. Les syndicats du Quai décident de lancer un mot d'ordre de grève pour le 1er décembre 2003 date de l'examen du projet de budget du MAE au Sénat. Les agents manifestent même devant le Sénat pour dénoncer l'état d'abandon progressif de la diplomatie française.

La grève suivie des fonctionnaires du Quai du 1er décembre est une première en France, car c'est la première grève au sein de l'administration des Affaires étrangères.[1] Le 27 novembre 2003, Dominique de Villepin s'était adressé au personnel du Quai d'Orsay pour tenter de désamorcer la crise et d'apaiser le conflit.

Dominique de Villepin intervient au Sénat, le 1er décembre 2003, en pleine discussion budgétaire sur le projet de loi de finances pour 2004 du Quai d'Orsay. Il déclare que la mobilisation traduit l'incertitude, le doute, la crainte des agents du Ministère devant la détérioration des conditions de travail et de rémunération. Il défend ses réformes : renforcement de la capacité stratégique du Ministère, cohérence interministérielle de l'action diplomatique et rénovation des outils et des méthodes (gestion par objectifs). Pour lui, chacun des ministres concernés par l'action extérieure de l'État doit contribuer au débat. Parmi les mesures de réforme du Quai d'Orsay, Dominique de Villepin évoque : le rôle des directions géographiques, la pluridisciplinarité des ambassades, la réactivation du Comité interministériel des moyens extérieurs de l'État (CIMEE), la valorisation des compétences et la motivation des agents. Trois programmes guident le Ministère : le rayonnement et l'influence de la France ; la coopération et l'action culturelle ; les réseaux et services publics à l'étranger. Pour Dominique de Villepin, dès lors que la politique étrangère s'inscrit dans les priorités voulues par le Président de la République et le gouvernement et approuvées par le Parlement, il faut tout faire pour épargner les aléas de la régulation budgétaire. Le Quai d'Orsay ne pourra pas en 2004 subir des

---

[1]Jean Saint-Iran, *Villepin vu du Quai Les cent semaines*, Editions Privé, 2005, p.11.

gels et des annulations sans devoir renoncer à certaines de ses activités.

Lors de la passation de pouvoirs avec Michel Barnier le 1er avril 2004, Dominique de Villepin annonce que le président Chirac a demandé au Premier ministre que l'ensemble des crédits du Quai d'Orsay soit préservé de tout gel, de toute annulation. Il a demandé que le Département constitue une priorité pour la prochaine loi de finances.

Les écrits : Éloge des Voleurs de feu, Un autre monde et l'Histoire de la diplomatie française

En mai 2003, Dominique de Villepin publie dans la collection Blanche de Gallimard une monumentale anthologie personnelle de la poésie française baptisée *« Éloge des Voleurs de feu »* qui aurait pu s'appeler « *Voyage en Poésie* » tant le propre de l'auteur est de rendre hommage aux poètes et à leurs écrits à travers une ballade personnelle entre les lignes. Adonis, Guillaume Apollinaire, Louis Aragon, Antonin Artaud, Théodore Agrippa d'Aubigné, Charles Baudelaire, Yves Bonnefoy, Jorge Luis Borges, André Breton, Paul Célan, Blaise Cendrars, Aimé Césaire, René Char, André Chénier, Paul Claudel, Jean Cocteau, Dante, Mahmoud Darwich, Michel Deguy, Christian Dotrémont, André du Bouchet, Jean-Pierre Duprey, Paul Eluard, William Faulkner, Frederico Garcia Lorca, Edouard Glissant, Nazim Hikmet, Friedrich Holderlin, Victor Hugo, Alphonse de Lamartine, Isidore Ducasse comte de Lautréamont, Stéphane Mallarmé, Ossip Mandelstam, Henri Michaux, Alfred de Musset, Pablo Neruda, Gérard de Nerval, Octavio Paz, Fernando Pessoa, Pierre Reverdy, Rainer Maria Rilke, Arthur Rimbaud, Saint-John Perse, Georges Schéhade, Victor Segalen, Salah Stétié, Jules Supervielle, Georg Trakl, Tristan Tzara, Paul Verlaine, Alfred de Vigny, François Villon, Franz Kafka et tant d'autres ouvrent les brèches d'un chemin qu'emprunte l'auteur pour faire revivre les poèmes et les contributions de ces voleurs de feu et ces voyants.

Avec l'Éloge des poètes, Dominique de Villepin livre un peu de son intimité et de sa famille, avec sa mère qui mettait dans ses poches des bouts de papier griffonnés de poèmes et de leurs illustres auteurs et son frère qui marchait avec lui à New York et qui avait besoin de mots pour exprimer sa douleur, des mots comme ceux des Voleurs de feu, des mots qui libèrent. « Somme théosophique sur les pouvoirs de la poésie et l'avenir du monde » dixit François Dufay, l'Éloge de Villepin aux poètes est une « œuvre-vie » qui s'est nourrie de l'expérience de la vie et du vécu vu par les poètes.

Que la poésie soit nostalgie de l'origine et souffle prophétique, spleen et idéal, extase divine et connaissance par les gouffres, transgression et ordre du monde réinventé, harmonie céleste et beauté convulsive, voix intérieure et saisie authentique de l'être, d'Hugo à Char, de Rimbaud à Michaux, les poètes eux-mêmes l'ont théorisée.

Dominique de Villepin capte l'essentiel des messages des Voleurs de feu pour en faire un corpus destiné à distiller le sel du renouveau et de la production littéraire et poétique et guider les pas de l'homme dans l'ombre de la vie. Cette trajectoire personnelle parachevée sur les pas des poètes et des grands auteurs en prose est une initiation au dépassement de soi et un hommage appuyé à tous ceux qui cisèlent les mots pour en faire des talismans rédempteurs et qui sauvent.

L'anthologie poétique personnelle de Dominique de Villepin se veut une « œuvre-vie » et une contribution au travail et aux mots de feu de ses quêteurs de rêve que sont les poètes, qui ont des mots qui illuminent le jour et tracent des voies et des chemins dans l'obscurité. Pour Villepin, les poètes sont de véritables voyants et leurs mots sont de véritables objets salvateurs et guérisseurs.

Véritablement personnelle, l'œuvre de Dominique de Villepin embrasse les siècles et convoque des compagnons maudits ou magiciens pour l'accompagner sur le chemin poétique, fait de luminescence et de flamboyance. C'est un

Éloge et un tribut à la mère, au frère disparu, aux poètes, aux voleurs de feu, à tous ceux qui veulent « changer la vie ».

L'Éloge est *« un déchaînement de ruses et de poisons, bréviaire de plumes et de plombs pour une vie réenchantée ».* Tous les mots rassemblés veulent retrouver la force, l'étoilement subi, la fulgurance qui transperce l'âme et déroute l'esprit, comme le visage des poètes transparaissant derrière le murmure de leur chant. Cet Éloge a mûri en l'auteur dès l'enfance quand du fond de ses poches, épinglés au revers du tablier, cachés au coin des bouliers, la poésie jaillissait, griffonnée sur des bouts de papier par sa mère. Pour qui est né dans l'exil, l'expérience douloureuse de la séparation s'éprouve avant la beauté du voyage et la douceur du port. Et ces petits papiers de l'enfance comme autant d'étoiles dans la nuit ont élevé l'auteur dans un bruissement d'amitiés et de complicités nombreuses. La langue des poètes de France fut le premier pays et l'originelle patrie de Dominique de Villepin.

La fuite interrompue, l'instant capturé, le poète peut retrouver le temps des nuits d'insomnie pour sculpter le songe, résister à l'engourdissement du soir, libérer ses otages et délivrer une vérité plus crue que celle des jours de plein soleil. La poésie offre une voix à l'homme pour embrasser le monde. Le voleur de feu veut franchir la muraille, percer le mystère, posséder la dépossession ; sur le manque et la perte, il fonde sa quête d'une temporalité autre, d'une condition changée, d'un savoir supérieur.

Dans l'effort pour extraire de sa vie cris et mélodies, le voleur de feu revendique pour lui l'aînesse, sans crainte d'enjamber les parapets, d'œuvrer à la transgression et au dynamitage, il marche clandestin en amont de toute culture domestique. Le poète ouvre les abîmes, scrute les parvis pour saisir les profondeurs d'une conscience déchirée. Arpenteur de gouffres, conquérant de cimes, des entrailles profondes aux pics de la conscience, le voleur de feu marche guidé par la mémoire de la chute et le désir d'un monde neuf.

Alchimiste, le voleur de feu cueille, distille et fond ensemble des images lointaines. Sculpteur, il taille des noms inconnus. En retrait des autres hommes, il s'acharne à dire ce qui n'avait jamais été dit, à décrire autrement le monde ravaudé par l'habitude. Toute poésie aspire à une vérité car elle cherche à approcher au plus près la rencontre des mots et des choses, dans une adéquation miraculeuse. Pour l'épopée d'un nouvel âge, le poète s'invente ses propres alchimies, en lui s'élaborent les préceptes d'une nouvelle loi du partage, qui gouverne la parole dans le mouvement et l'envol.

La tâche du poète n'est pas de panser la blessure mais bien de la garder éveillée, à l'aide de mille fers qui la maintiennent écartelée, d'approfondir le trouble qui fonde l'homme et donne poids et sens à la voix de la poésie. Plus qu'aucun autre, le voleur de feu grave une partition vivante pleine de rythmes et de couleurs qui sonne le départ, agit sur les hommes ou sur les choses, sur l'univers alentour comme dans les profondeurs de l'inconscient. L'espoir d'une réconciliation entre la poésie et l'action reste vivant tant que la poésie innerve la cité de sa révolte et fait courir le feu des mots.

De leurs repaires, les voleurs de feu inspectent les failles, creusent les sillons, bouleversent l'ordre, forcent les portes, font jaillir l'eau du concassement des pierres. Avec eux les choses et les hommes retrouvent leur origine, leur première apparence. Cet Éloge s'imposa il y a bien longtemps lorsque la poésie délivra le frère de Dominique de Villepin hors de son quotidien aveugle et sourd.

Pour « Le Monde », au sujet de l'œuvre : *« une intention déraisonnable, encouragée par un désir aussi sincère que naïf, semble animer l'auteur et tenir et faire voler sa plume intarissable, tempétueuse : rassembler, unir, fédérer, la totalité des poètes de tous les temps et de (presque) toutes les contrées en un vaste et très improbable ensemble qui se nommerait : la Poésie ».*[1]

En novembre 2003, Dominique de Villepin publie aux Éditions de L'Herne, *Un autre monde,* un recueil de ses principales contributions (tribunes, interviews, discours) depuis qu'il est au Quai d'Orsay, commentées par une dizaine d'écrivains, philosophes et intellectuels et préfacées par Stanley Hoffmann, professeur à l'Université de Harvard.

Dans sa préface, Stanley Hoffmann. Professeur à l'Université de Harvard depuis 1955, écrit qu'il aime chez Dominique de Villepin l'ambition politique et éthique, fondée sur une analyse juste des problèmes qui se posent dans ce monde et sur l'idée que la clé réside dans l'unité de la communauté internationale. Stanley Hoffmann considère le ministre comme un idéaliste lucide et un vrai révolutionnaire et rappelle les constantes de la diplomatie française : quête de l'universel, l'esprit d'indépendance, le choix d'une diplomatie volontaire animée par une vision globale et se donnant les moyens de faire entendre sa voix partout dans le monde. Aucun dirigeant étranger ne s'est montré indifférent à la parole de la France. Assumer ses choix, aller au bout de ses convictions, tenter sans relâche de convaincre et de rassembler, montrer le sens de la responsabilité collective : voilà la voie que la France a choisie.[2]

Dans la partie « l'épreuve iraquienne », on trouve : la tribune publiée dans Le Monde du 1er octobre 2002 (Ne pas brûler les étapes), l'entretien paru dans Le Figaro du 28 octobre 2002 (Soyons unis et responsables), l'entretien paru dans Le Parisien du 9 décembre 2002 (Il n'y a aucune fatalité à la guerre), l'entretien paru dans Paris-Match du 16 janvier 2003 (Les trois tentations du monde), la conférence de presse tenue à l'issue de la réunion du Conseil de sécurité au niveau ministériel sur la

---

[1] Le Monde des Livres, « *Dominique de Villepin fougueux amoureux des Muses* », 29 mai 2003.
[2] Dominique de Villepin, *Un autre monde*, L'Herne Théories et Stratégies, 2003, pp. 21, 23, 29-31, 34, 35.

lutte contre le terrorisme à New York (20 janvier 2003), le discours prononcé devant le Conseil de sécurité de l'ONU sur l'Irak (5 février 2003), le discours prononcé devant le Conseil de sécurité de l'ONU sur l'Irak (14 février 2003), l'entretien paru dans Le Figaro du 24 février 2003 (La France s'oppose à une nouvelle résolution de l'ONU), le discours prononcé devant le Conseil de sécurité de l'ONU sur l'Irak (7 mars 2003), le discours prononcé devant le Conseil de sécurité de l'ONU sur l'Irak (19 mars 2003), la réponse à une question d'actualité au Sénat (20 mars 2003), le discours prononcé à l'Institut international des études stratégiques à Londres (27 mars 2003), l'entretien paru dans Le Monde du 23 mai 2003 (La France reste fidèle à ses principes), l'entretien paru dans Le Figaro du 10 juillet 2003 (Il faut accélérer le processus politique), l'entretien paru dans Le Monde du 23 août 2003 (Eviter la spirale de la violence), l'entretien paru dans Le Figaro du 5 septembre 2003 (Il faut changer de logique en Irak), la tribune publiée dans Le Monde du 13 septembre 2003 (L'Irak : sortir du piège) et l'entretien paru dans Le Monde du 18 octobre 2003 (Pour un esprit de responsabilité).

Dans la partie « Un nouveau temps pour l'Europe », on trouve : l'intervention devant les étudiants du lycée Kolcsey de Budapest (11 octobre 2002), le discours devant l'École supérieure de commerce de Marseille (2 décembre 2002), l'intervention lors de la session plénière de la Convention européenne sur le fonctionnement des institutions (21 janvier 2003), l'intervention lors de la session plénière de la Convention européenne à Bruxelles (5 juin 2003), l'intervention lors de la session plénière de la Convention européenne (13 juin 2003), la tribune publiée dans divers quotidiens à la veille du Sommet européen de Thessalonique (19-21 juin 2003), le discours prononcé à Londres lors de la « Dimbleby Lecture » de la BBC (15 octobre 2003), la tribune publiée dans Les Echos du 7 novembre 2003 (Un nouveau temps pour l'Europe).

Dans la partie « Les défis régionaux », on trouve : le discours prononcé à l'Université Mohammed V de Rabat (31 octobre 2002), le discours prononcé lors de la visite en Égypte

(12 avril 2003), la conférence de presse à l'issue d'une tournée au Moyen-Orient (30 avril 2003), le discours prononcé à l'hôtel King David de Jérusalem (25 mai 2003), le discours prononcé à l'Institut des hautes études de la défense nationale sur l'Afrique (13 juin 2003), l'entretien paru dans La Croix du 16 décembre 2002 sur la Côte-d'Ivoire (Notre seul objectif c'est la paix et la réconciliation), la tribune publiée dans Le Figaro (28 octobre 2003) sur la Côte-d'Ivoire, le discours prononcé à l'Université Fudan de Shanghai (10 janvier 2003), le discours prononcé à la bibliothèque Arango de Bogota (29 novembre 2002), le discours prononcé devant le cercle des amis de la « Revue des deux-mondes » à Paris (16 septembre 2003).

Dans la partie « Les nouveaux enjeux », on trouve : le discours prononcé lors de la réunion ministérielle du Conseil de sécurité de l'ONU sur la lutte contre le terrorisme (20 janvier 2003), la tribune parue dans Le Figaro du 23 octobre 2003 (les Européens, l'Iran et l'enjeu nucléaire), le discours prononcé à la Commission des droits de l'homme à Genève (24 mars 2003), la conférence de presse du 22 mai 2003 sur les routes de la drogue, le discours de Paris du 2 octobre 2003 sur la religion et la politique en Asie, le discours prononcé au Sénat le 14 juin 2003 à l'occasion de la 1ere journée du livre d'histoire sur l'Islam et les Occidents, le discours prononcé au musée d'anthropologie de Mexico sur les frontières (18 juillet 2003), le discours prononcé au colloque « Partager les fruits de la mondialisation » organisé par la revue Les débats de l'Union à l'Institut du Monde arabe de Paris (4 novembre 2003).

Dans la partie « les défis de l'avenir », on trouve : le discours d'ouverture de la Xe Conférence des Ambassadeurs (27 août 2002) et le discours d'ouverture de la XIe Conférence des Ambassadeurs (28 août 2003).

Les interventions du ministre sont suivies d'un débat rassemblant une dizaine d'intellectuels et de penseurs :

« Un phare mais pas un remorqueur » par Christoph Bertram, directeur du think tank allemand Stiftung Wissenschaft und Politik ;

« Soudain du haut de sa tour » par Régis Debray, président du Conseil scientifique de l'École nationale supérieure des sciences de l'information et des bibliothèques et président de l'Institut européen en science des religions ;

« À la gloire de la France » par Carlos Fuentes, romancier et essayiste mexicain ;

« La Grande-Bretagne, la France et l'avenir de la politique étrangère européenne » par Charles Grant, directeur du Centre for European Reform et membre du comité pour la Russie dans l'Europe unie ;

« La France et l'Amérique et au-delà » par Robert E. Hunter, conseiller principal à la RAND Corporation à Washington ;

« Propositions » par Bernard-Henri Lévy, écrivain, philosophe et journaliste ;

« Des rêves qui ne s'achètent pas » par Norman Mailer, écrivain américain ;

« Rendez-vous à Samarra » par Fernando Savater, professeur de philosophie à l'Université Complutense de Madrid ;

« Faux départ et nouvelle donne » par Simon Serfaty, directeur des études européennes au Center for Strategic and International Studies (CSIS), professeur à l'Université de Norfolk ;

« Le grand écart atlantique » par Susan Sontag, écrivain ;

« Le contrôle du temps » par Antonio Tabucchi, professeur de langue portugaise à l'Université de Sienne ;

« La guerre et l'Europe » par Tzvetan Todorov, Directeur de recherche au CNRS, critique, historien et philosophe ;

« Le moindre mal » par Mario Vargas Llosa, professeur, écrivain et enseignant ;

« Pour un Conseil des sages » par Abraham B. Yehoshua, professeur de littérature à l'Université de Haïfa.

« Un autre monde » publié dans Les Cahiers de L'Herne fait de Dominique de Villepin un intellectuel, théoricien et en même temps praticien de la politique étrangère. L'ouvrage de Dominique de Villepin permet également de fonder un corpus doctrinaire de politique étrangère française. Dans sa critique de l'ouvrage, Daniel Vernet regrette que dans sa recherche de l'équilibre, la France entraîne parfois des compagnons de route qui ne font guère honneur à la « démocratie mondiale ».[1]

Le 14 avril 2005 paraît l'ouvrage collectif *« Histoire de la diplomatie française »* préfacé par Dominique de Villepin qui a eu l'idée de rassembler des contributions d'historiens réputés pour présenter une fresque exhaustive sur la politique étrangère française du Moyen Âge à nos jours. L'ouvrage comporte deux tomes : le Tome 1 va du Moyen Âge à l'Empire (contributions de Françoise Autrand, Lucien Bély, Philippe Contamine et Thierry Lentz) et le Tome 2 de 1815 à nos jours (contributions de Jean-Claude Allain, Pierre Guillen, Georges-Henri Soutou, Laurent Theis et Maurice Vaïsse).

Dans sa préface, Dominique de Villepin écrit que le diplomate est savant, archéologue ou grammairien, quand il déchiffre l'énigme des motivations politiques. Il s'improvise géographe pour dessiner des cartes. Il devient parfois prophète lorsqu'il ne s'accommode pas des injustices. Il est l'éternel écrivain du roman national et de l'épopée internationale. Il défend avec passion les idées et les convictions qui ont fait

[1] Daniel Vernet, « *Dominique de Villepin ou le gaullisme ressuscité* », Le Monde, 10 décembre 2003.

battre son cœur. À commencer par l'obsession de l'équilibre contre le chaos et l'acharnement à trouver le salut dans le mouvement. Le diplomate est un esprit ouvert, porté par une passion du monde et un attachement charnel à la patrie. Ajoutons la maîtrise des dossiers, le sang-froid et l'endurance physique, souvent décisifs pour sortir de l'impasse.[1]

Pour Dominique de Villepin, il existe un dessein français au service du progrès de l'Humanité. Les trois piliers ancestraux de la diplomatie française sont : l'esprit d'indépendance, la recherche de l'équilibre, la quête de l'universel.

[1]Françoise Autrand, Lucien Bely, Philippe Contamine, Thierry Lentz, *Histoire de la diplomatie française : du Moyen Âge à l'Empire*, Perrin, 2005, pp. 9-11.

Épilogue

Lorsqu'il quitte le Quai d'Orsay le 1er avril 2004, Dominique de Villepin aura gagné une stature différente de celle qu'il avait en mai 2002 avec une image d'Homme d'État flamboyant et énergique. Le Monde titre le 31 mars 2004 : *« M. de Villepin laisse le Quai d'Orsay orphelin d'un homme d'action » ;* pour Claire Tréan : « En s'opposant à une vision idéologique du monde, ce fidèle de Chirac a guidé les affaires étrangères vers une philosophie de l'action. Durant son mandat, la France est devenue chantre du multilatéralisme, d'une gestion concertée des crises et des menaces qui affectent la planète ». Pour Daniel Vernet, Dominique de Villepin croit en la mission de la France et au pouvoir des mots ; il est profondément gaulliste.[1]

C'est vrai que de nombreuses convictions de Dominique de Villepin semblent inspirées par le corpus gaulliste en politique étrangère, et par les pensées du général Charles de Gaulle[2] :

Sur l'Europe : *« L'Europe ça doit servir à ne se laisser dominer ni par les Américains, ni par les Russes... L'Europe c'est le moyen pour la France d'être la première au monde »* (22 août 1962) ;

Sur le statut de la France : *« La France est la lumière du monde, son génie est d'éclairer l'univers »* (13 février 1963) ;

Sur le rôle de porte-voix des peuples : *« Qui est mieux placé que la France pour faire entendre la voix de ceux qui n'ont pas de voix ? »* (23 janvier 1963) ;

Sur les relations avec Washington : *« Nous sommes le seul État à pouvoir tenir tête aux Américains. Nous sommes le porte-*

---

[1] Daniel Vernet, Susan M. Murphy, « *Dominique de Villepin* », International Journal, Vol. 59, No. 1 (Winter 2003/2004), pp. 199-206.
[2] Alain Peyrefitte, *C'était De Gaulle Tome 1*, Éditions de Fallois Fayard, 1994.

parole de 200 millions de muets, qui nous sont secrètement reconnaissants de parler à leur place » (30 janvier 1963) ;[1]

Pour Xavier de Villepin, père de Dominique de Villepin, l'Afrique représente l'un des noyaux les plus vivants de la francophonie, et sur le plan diplomatique, le soutien de ses partenaires africains permet à la France de peser davantage dans les organisations multilatérales.[2] Pierre Hassner a qualifié la politique de Dominique de Villepin de « gaullisme wilsonien », si on prend du wilsonisme moins le souci de défendre la démocratie.[3]

Comme chef de la diplomatie française, Villepin aura exécuté avec un style reconnu une politique étrangère décidée par l'Élysée et c'est l'Irak et notamment le discours du 14 février 2003 qui ont permis à Dominique de Villepin de connaître son heure de gloire planétaire. Le Secrétaire d'État aux Affaires étrangères, Renaud Muselier, avait constaté avec humour : *« Dominique de Villepin s'occupe de tout, et moi je fais le reste ».*[4]

La France demeure, pour Dominique de Villepin, une puissance mondiale qui doit avoir son mot à dire sur les principaux problèmes planétaires, du fait de son statut de membre permanent du Conseil de sécurité des Nations Unies, de puissance nucléaire, de puissance économique, et de puissance militaire de premier plan. Entre 2002 et 2004, la France a marqué son ambition de demeurer un acteur global, et les crises d'Irak, de Côte d'Ivoire et d'Haïti, ainsi que les enjeux européens, ont témoigné de cette volonté française de peser sur le cours des évènements. Pour Frédéric Charillon, la France revendique avec constance un espace d'expression et un créneau diplomatique propre, se basant sur une « diplomatie du

---

[1]Alain Peyrefitte, *C'était de Gaulle Tome II*, Éditions de Fallois Fayard, 1997.
[2]Xavier de Villepin, *La politique française en Afrique à l'aube du nouveau siècle*, Revue internationale et stratégique 2002/2 n°46, pp. 143-148.
[3] Pierre Hassner, *Fausses manœuvres*, Revue internationale et stratégique 2004/1 n°53, pp. 57-62.
[4]Le Nouvel Obs, *Dominique de Villepin*, 31 mars 2004.

créneau », plutôt que d'imposer des critiques depuis une posture extérieure, et de réinsérer la France dans des processus dont elle était tenue à l'écart.[1]

Pour Isabelle Lasserre, non seulement la France n'a pas pu empêcher la guerre d'Irak, mais son action a largement contribué à la division de l'Occident et de l'Europe, et cette division est apparue aux yeux du monde comme une marque de faiblesse. Pierre Lellouche a évoqué en 2006 : « une diplomatie velléitaire, poussiéreuse, et faussement cynique, débouchant sur la défense du statu quo ».[2] Pour Frédéric Bozo, l'impression dominante, en France et à l'étranger, est que le rôle international de la France et sa position dans le monde sont en déclin. « L'acte de bravoure de l'opposition à la guerre d'Irak paraît bien oublié et le capital diplomatique qu'il avait permis d'engranger, vite dissipé. »[3]

La fascination pour la « puissance », le refus d'une relégation et d'un amoindrissement diplomatique et stratégique, tout cela justifie la prétention française à demeurer justement une « puissance aux intérêts globaux ». Malgré les tensions périodiques (tradition remontant au général Charles de Gaulle), le rôle français de garant de la stabilité d'un certain nombre de régions dans le monde ne fut possible et n'est possible qu'avec la bénédiction de l'allié américain. La France maintient son ambition d'universalité et de messager de la paix dans le monde tout en gardant des relations de type allié, ami, non aligné, avec les États-Unis d'Amérique.

La France a une réputation méritée de se battre au-dessus de sa catégorie réelle dans les négociations diplomatiques, en particulier au sein de l'Union européenne. La longue tradition diplomatique, sa soigneuse sélection des élites, ses habitudes

---

[1] Frédéric Charillon, *Peut-il encore y avoir une politique étrangère de la France ?* In : Politique étrangère, n°4- 2022, pp. 915-929.

[2]Isabelle Lasserre, *L'impuissance française 1989-2007 une diplomatie qui a fait son temps*, Flammarion, 2007, pp. 11, 135.

[3] Frédéric Bozo, *La politique étrangère de la France depuis 1945*, Flammarion, 2019, ebook.

d'argumentation logique, son système éducatif, cela permet d'expliquer cette réputation.[1]

Au fond, Dominique de Villepin aura défendu les intérêts de son pays avec passion et style et son engagement contre la guerre en Irak a fait de lui l'homme du « non ». Les évènements récents montrent que la guerre d'Irak de 2003 marque un point de rupture dans les relations internationales, accentué par la crise financière de 2008 et la volonté de nombreux acteurs de s'opposer à l'hégémonie américaine, mais, paradoxalement, au moment où de nombreuses voix fustigent l'unilatéralisme et l'hégémonisme, la France a changé de position et s'affirme atlantiste et occidentaliste, rompant avec le geste gaullien.

---

[1] Charles Cogan, *Diplomatie à la française*, Éditions Jacob-Duvernet, 2005, p.247.

TABLE DES MATIERES

Structures éditoriales du groupe L'Harmattan

L'Harmattan Italie
Via degli Artisti, 15
10124 Torino
harmattan.italia@gmail.com

L'Harmattan Hongrie
Kossuth l. u. 14-16.
1053 Budapest
harmattan@harmattan.hu

L'Harmattan Sénégal
10 VDN SICAP AMITIE 3
BP 45034 Dakar-Fann
direction@senharmattan.com

L'Harmattan Cameroun
Tsinga/Derrière polyclinique FECAFOOT
BP 11486 Yaoundé
Jacques.koukam@harmattan.fr

L'Harmattan Burkina Faso
Villa 281, secteur 23 623, rue 14.32
Ouagadougou
zagbie@outlook.fr

L'Harmattan Guinée
Almamya, rue KA 028 OKB Agency
BP 3470 Conakry
harmattanguinee@yahoo.fr

L'Harmattan RDC
185, avenue Nyangwe
Commune de Lingwala - Kinshasa
matangilamusadila@yahoo.fr

L'Harmattan Congo
219, avenue Nelson Mandela
BP 2874 Brazzaville
deunovmikhael@gmail.com

L'Harmattan Mali
Immeuble Mgr Jean Marie Cissé
Aci Hamadallaye
BP 145 Bamako
syllaka@yahoo.fr

L'Harmattan Togo
Djidjole - Maison Amela
face EPP BATOME
02 BP 20680 Lomé
didieramela11@gmail.com

L'Harmattan Côte d'Ivoire
Résidence Karl - Cité des Arts
Abidjan-Cocody
03 BP 1588 Abidjan
harmattan.ivoire@gmail.com

L'Harmattan Bénin
Rue 604, (Immeuble à l'entrée
de la rue UCAO- Cite de Saint-Jean)
Cotonou
stepcorpus@gmail.com

Nos librairies en France

Librairie internationale
16, rue des Écoles
75005 Paris
librairie.internationale@harmattan.fr
01 40 46 79 11
www.librairieharmattan.com

Librairie des savoirs
21, rue des Écoles
75005 Paris
librairie.sh@harmattan.fr
01 46 34 13 71
www.librairieharmattansh.com

www.ingramcontent.com/pod-product-compliance
Lightning Source LLC
LaVergne TN
LVHW010944061026
849535LV00007B/2561

* 9 7 8 2 3 3 6 5 9 5 2 9 0 *